Compétences A2

Compréhension écrite

Sylvie Poisson-Quinton
Reine Mimran

Niveau 2

www.cle-inter.com

Crédits photographiques

P. 8 E. Scorcelletti/Gamma, p. 15 Ludovic/Rea, p. 19 M. Gaillard/Rea, p. 25 N. Tavernier/Rea, p. 26 M. Colin/Hémispheres, p. 30 Bis/Ph Jeanbor/Coll. Archives Larbor, p. 35 Musée Carnavalet/Archives Charmet/Bridgeman, p. 36, Roger-Viollet, p. 37 P. Jahan/Roger -Viollet, p. 41 Strobbe Eureka Reporters/Rea, p. 42 (g) Roger -Viollet, p. 42 P. Sittler/Rea, p. 44 Denis/ Rea, p. 50 P. Jahan/Roger -Viollet, p. 52 Droits Réservés, p. 58 Lanier/Rea, p. 72 Bis/ph Jack/Coll. Archives Larbor, p. 74 (h) P. Gleizes/ Rea, p. 74 (m) Service Historique de l'Armée de Terre/ Giraudon, p. 74 (md) Bis/Coll. Archives Larbor, p. 76 F. Socha/Gamma, p. 79 P. Gleizes/Rea, p. 79 Bis/Coll. Archives Larbor, p. 80 W. Kaehler/Corbis, p. 81 S. Rasmussen/Sipa, p. 84 Roger-Viollet, p. 86 Suki/Sipa, p. 87 Droits Réservés, p. 102 G. Bassignac/ Gamma, p. 103 M. Gaillard/Rea, p. 104 M. Fourmy/ Rea, p. 107 J. Martin/Gamma, p. 108 Pierart/Reporters/Rea, p. 113 Pim/Reporters/Rea, p. 115 S. Ortola/Rea
Autres photos : droits réservés.

Direction éditoriale : Michèle Grandmangin
Édition : Virginie Poitrasson
Mise en pages : CGI
Recherche iconographique : Bridgett Noizeux
Illustrations : Benoît du Peloux

ISBN 978-2-09-035204-7

AVANT-PROPOS

Cet ouvrage, consacré à la **compréhension écrite**, fait suite à COMPRÉHENSION ÉCRITE, niveau 1. Il s'adresse à des apprenants adultes ou grands adolescents après 150 à 180 heures de français et peut être utilisé soit en classe, en complément du manuel de français, soit en autoapprentissage, grâce aux corrigés qui se trouvent en fin d'ouvrage et aux pages d'autoévaluation à la fin de chaque unité.

COMPRÉHENSION ÉCRITE Niveau 2 correspond aux niveaux A2 et A2+ du Cadre européen commun de référence pour les langues ou encore à ce qui est attendu d'un(e) candidat(e) aux épreuves du DELF A2 .

Suivant les recommandations du Cadre européen, il s'inscrit résolument dans une perspective actionnelle : lire pour agir (comparer, décider, choisir...).

• Organisation de l'ouvrage

L'ouvrage comprend **15 leçons**, regroupées en **5 unités** de 3 leçons chacune. Chaque unité est construite autour d'un macro-objectif (***lire pour...***) explicité dans une page introductive et d'une thématique commune :

Unité 1 Le texte explicatif : LIRE POUR SAVOIR ET FAIRE SAVOIR – Comprendre et transmettre une information, comprendre un document officiel, effectuer une démarche administrative.

Thème : vivre et étudier en France (le monde de l'université)

Unité 2 Le texte injonctif : LIRE POUR SAVOIR FAIRE – Comprendre des instructions, un mode d'emploi, des consignes, des conseils en vue de faire soi-même quelque chose (une recette, un meuble, un emprunt bancaire).

Thème : la gastronomie, le bricolage, le monde de la banque

Unité 3 Le texte descriptif : LIRE POUR SAVOIR « DONNER À VOIR » – Comprendre les indications spatiales, les descriptions de personnes, d'objets, de lieux, et les impressions qu'ils suscitent.

Thème : l'évolution de Paris du Moyen Âge à nos jours

Unité 4 Le texte narratif : LIRE POUR SAVOIR RACONTER UN ÉVÉNEMENT – Comprendre un événement qui se déroule dans le temps, repérer les différentes valeurs des temps.

Thème : dépasser ses limites, vaincre ses handicaps

Unité 5 Le texte argumentatif : LIRE POUR SAVOIR PERSUADER, CONVAINCRE, PROUVER – Défendre un point de vue, contester une autre thèse, produire des arguments, donner des exemples.

Thème : trois sujets de débat dans l'éducation nationale

Chaque unité est suivie de trois pages d'**Autoévaluation**.

• Organisation de chaque leçon

Chaque leçon (de 6 pages) présente les objectifs, fonctionnels et linguistiques et comprend trois doubles pages :

– **la première double page** comprend à gauche *une image-déclencheur* suivie de questions et d'une première rubrique Vocabulaire et à droite *deux documents assez brefs* qui introduisent le thème central de la leçon et sont assortis de questions. Une fiche Grammaire complète cette page.

– **la seconde double page** comprend à gauche, *un texte long* suivi d'une fiche de Vocabulaire, d'une fiche Grammaire et à droite, des activités de compréhension écrite et des activités linguistiques (vocabulaire et grammaire) portant sur le texte en vis-à-vis.

– **la troisième double page** comprend à gauche, *Pour en savoir plus...*, deux documents complémentaires qui apportent un nouvel éclairage ou d'autres informations sur le thème de la leçon. Une fiche Vocabulaire et une fiche Grammaire aident à comprendre les textes. Et à droite, se trouve la *Production écrite*. Dans cette page, trois ou quatre exercices de production écrite sont proposés dans une perspective actionnelle et interculturelle. On demande toujours à l'apprenant de s'impliquer personnellement dans ses écrits.

La double page AUTOÉVALUATION qui se trouve à la fin de chacune des 5 unités reprend les sept ou huit principaux objectifs visés dans l'unité et propose des exercices auto-correctifs permettant à l'apprenant de vérifier ses acquis.

UNITÉ I ● *Le texte injonctif* ....

● **LEÇON 1 - À VOS FOURNEAUX**

OBJECTIF FONCTIONNEL : Identifier un texte – Repérer le thème général du texte – Comprendre le but du document.

LEXIQUE : La nourriture, les ingrédients, la cuisine.

GRAMMAIRE : Infinitif à valeur d'impératif – L'impératif – Les expressions verbales *devoir* + infinitif, *il faut* + infinitif, *il est préférable de* + infinitif – La place de la négation – La place du pronom personnel – L'expression du contraste *(si, alors que)*.

● **LEÇON 2 - À VOS MARTEAUX !**

OBJECTIFS FONCTIONNELS : Identifier un texte – Repérer le thème général du texte – Comprendre le but du document – Identifier le public visé.

LEXIQUE : Les outils et le mobilier.

GRAMMAIRE : Infinitif à valeur d'impératif – L'impératif – *Devoir* + infinitif, *il faut* + infinitif, *pouvoir* au présent + infinitif – Futur à valeur d'impératif – Les verbes *proposer, conseiller, recommander*... – Le futur antérieur pour marquer l'antériorité – Suppression du pronom sujet, suppression de l'article.

● **LEÇON 3 - À VOS EUROS !**

OBJECTIFS FONCTIONNELS : Identifier un texte – Repérer le thème général du texte – Comprendre les intentions d'un document – Identifier le public visé.

LEXIQUE : La banque, l'argent, l'euro.

GRAMMAIRE : L'impératif et *il faut que* + subjonctif qui expriment l'injonction, l'ordre, le conseil – L'impératif à valeur hypothétique.

UNITÉ II ● *Le texte descriptif* ....

● **LEÇON 4 - PARIS DU MOYEN ÂGE À NOS JOURS**

OBJECTIF FONCTIONNEL : Comprendre un document descriptif (1).

LEXIQUE : La ville, l'urbanisme.

GRAMMAIRE : L'imparfait descriptif (1) – L'expression de la spatialisation (1) – La comparaison.

● **LEÇON 5 - UNE ÎLE !**

OBJECTIFS FONCTIONNELS : Identifier un texte – Repérer le thème général du texte – Comprendre l'organisation d'une description – Comprendre un document descriptif (2).

LEXIQUE : Le paysage, Le travail.

GRAMMAIRE : Les temps de la description – L'organisation spatiale de la description – La concordance des temps – Le style indirect.

● **LEÇON 6 - LE VENTRE DE PARIS**

OBJECTIFS FONCTIONNELS : Comprendre un document descriptif (3).

LEXIQUE : La ville, l'urbanisme.

GRAMMAIRE : L'imparfait descriptif (2) – L'expression de la spatialisation (2) – Les superlatifs – Les nominalisations.

UNITÉ III ● *Le texte explicatif* ....

● **LEÇON 7 - PREMIER ACTE : S'INSCRIRE À LA FAC**

OBJECTIFS FONCTIONNELS : Comprendre un document explicatif (1).

LEXIQUE : Démarches administratives.

GRAMMAIRE : Le passif – Les formes impersonnelles.

● **LEÇON 8 - DEUXIÈME ACTE : TROUVER UN LOGEMENT**

OBJECTIFS FONCTIONNELS : Comprendre un document explicatif (2).

LEXIQUE : Les différents modes de logement.

GRAMMAIRE : La relation cause-conséquence – La condition et l'hypothèse (1) – La mise en relief.

LEÇON 9 - **TROISIÈME ACTE : SE DÉBROUILLER À LA FAC**
OBJECTIFS FONCTIONNELS : Comprendre un document explicatif (3).
LEXIQUE : Les cours – Les locaux universitaires.
GRAMMAIRE : Imparfait/passé composé/plus-que-parfait.

UNITÉ IV **Le texte narratif** ....

LEÇON 10 - **ET VOGUE LA GALÈRE !**
OBJECTIFS FONCTIONNELS : Identifier un texte – Repérer le thème général du texte – Comprendre l'organisation d'un document.
LEXIQUE : Le voyage, la mer, l'effort, la victoire, l'échec.
GRAMMAIRE : Le système des temps dans la narration – La chronologie – Les temps du passé – La concordance des temps.

LEÇON 11 - **FERMEZ LES PORTIÈRES !**
OBJECTIFS FONCTIONNELS : Identifier un texte – Repérer le thème général du texte – Comprendre l'organisation d'un document.
LEXIQUE : Le voyage, le train, le chemin de fer, la route.
GRAMMAIRE : Le système des temps dans la narration – La chronologie – Les temps du passé – La concordance des temps – L'opposition – L'accord des adjectifs de couleur.

LEÇON 12 - **VAINCRE SON HANDICAP**
OBJECTIFS FONCTIONNELS : Repérer la place du scripteur – L'expression des sentiments.
LEXIQUE : Sport et handicap.
GRAMMAIRE : Verbes personnels – Verbes impersonnels.

UNITÉ V **Le texte argumentatif** ....

LEÇON 13 - **POUR OU CONTRE LES MÉDECINES DOUCES**
OBJECTIF FONCTIONNEL : Comprendre un point de vue – Comparer deux points de vue différents – Repérer des arguments.
LEXIQUE : La médecine, les thérapies alternatives.
GRAMMAIRE : Le « si » de concession – *Parce que/puisque*.

LEÇON 14 - **ÇA ROULE ! ÇA ROULE ?**
OBJECTIFS FONCTIONNELS : Identifier un texte – Repérer le thème général du texte – Comprendre l'organisation d'un document.
LEXIQUE : La voiture, la rue, la circulation, un embouteillage, la pollution.
GRAMMAIRE : Les connecteurs logiques dans un texte argumentatif – Les termes qui marquent l'opposition.

LEÇON 15 - **ET TOURNENT LES AILES !**
OBJECTIFS FONCTIONNELS : Identifier un texte – Repérer le thème général du texte – Comprendre l'organisation d'un document.
LEXIQUE : Le moulin à vent, le vent, l'air, l'éolienne, une centrale électrique.
GRAMMAIRE : Les connecteurs logiques dans un texte argumentatif – La place du sujet dans la phrase.

LE TEXTE INJONCTIF

Dans un **texte injonctif, l'auteur veut faire faire quelque chose au lecteur.** Il lui propose une action.

Le texte injonctif se retrouve dans des recettes de cuisine, des notices, des modes d'emploi, des exercices, des règlements, des lois.

Il se caractérise par la présence d'ordres, de conseils, de suggestions, d'invitations pressantes, d'interdictions.

• Les verbes sont en général à **l'impératif.**

Faites *un grand plaisir à votre enfant :* ***réalisez*** *vous-même son bureau et une petite chaise pour aller avec.*

• Ils peuvent être également : **au futur, au présent, à l'infinitif (à valeur d'impératif).**

Vous appliquerez *deux couches de peinture.*

Vous choisissez *un poisson bien frais et* ***vous le mettez*** *au four…*

Pour l'entrée, ***prendre*** *une poire bien mûre.* ***Peler*** *la poire,* ***l'émincer****…*

• Le texte injonctif se caractérise aussi par la présence de certains verbes et expressions verbales.

– **devoir** et **pouvoir** suivis de l'**infinitif**

Pour faire une chaise, ***vous devez vous procurer*** *du bois.*

Vous pouvez acheter *le bois dans un magasin de bricolage.*

– **falloir que + subjonctif** ou **falloir + infinitif** et **il est préférable que + subjonctif** ou **il est préférable de + infinitif** :

Il faut poncer *le bois au papier de verre.*

Si vous déménagez, ***il faut que vous en informiez*** *le syndic de la copropriété.*

Il est préférable d'utiliser *de la fleur de sel pour saler le saumon.*

– **conseiller, déconseiller, ordonner, proposer, recommander** :

Nous vous proposons *de fabriquer vous-même un tableau.*

Nous vous conseillons *d'acheter les fournitures suivantes.*

Nous vous déconseillons *le saumon d'élevage.*

Nous vous recommandons *de laisser sécher la peinture avant de continuer.*

À VOS FOURNEAUX !

■ **OBJECTIFS FONCTIONNELS :** Identifier un texte – Repérer le thème général du texte – Comprendre le but du document.

■ **LEXIQUE :** La nourriture, les ingrédients, la cuisine.

■ **GRAMMAIRE :** Infinitif à valeur d'impératif – L'impératif – Les expressions verbales *devoir* + infinitif, *il faut* + infinitif, *il est préférable de* + infinitif – La place de la négation – La place du pronom personnel – L'expression du contraste *(si, alors que)*.

■ ***Qui est ce personnage ? Qu'est-ce qu'il tient à la main ? Pourquoi a-t-il cet objet à la main ? Qu'est-ce qu'il a fait ?***

VOCABULAIRE 1

- apprécier – confectionner – goûter – inventer – préparer – récompenser.
- la gastronomie – un menu – une recette, un livre de cuisine, des ingrédients, des récipients, un plat, des gâteaux – un chef, un cuisinier – un trophée.

DOCUMENT 1

Voici quelques chiffres rapportés par le magazine *Le Point* et communiqués par l'Insee (Institut national de la statistique et des études économiques), et d'autres instituts de sondage.

Chaque jour et en moyenne : un ménage, en France, dépense 15 euros pour sa nourriture et consomme entre 1700 et 2000 calories. Le Français passe 2 h 14 à table ; il mange de préférence des céréales, puis viennent les plats composés, les fruits et légumes. Depuis quelques années, il a diminué sa ration de viande et de plats sucrés.

Pouvez-vous dire si le Français a :

❒ a) les mêmes habitudes alimentaires qu'un habitant de votre pays.
❒ b) des habitudes très différentes.
❒ c) des habitudes différentes mais avec des points communs.

S'il y a des points communs, dites quels sont ces points communs.

....

En vous servant d'Internet, faites des recherches, sur l'alimentation des Français et dites si celle-ci vous semble équilibrée. Donnez des exemples.

....

DOCUMENT 2

Selon* toutes les enquêtes et les statistiques, l'obésité ne cesse de progresser chez les petits Français : 3 % en 1965, 16 % aujourd'hui (c'est-à-dire 1 enfant sur 8) avec cette particularité : les enfants de milieu socioéconomique défavorisé souffrent davantage de surpoids et d'obésité. Si rien ne change, d'ici à quinze ans, 1 enfant sur 4 sera obèse. C'est pourquoi les parents s'adressent de plus en plus souvent à des nutritionnistes pour leur demander conseil.

* **selon** : d'après, suivant. *Selon les médecins, les enfants mangent trop.*

Pourquoi, à votre avis, les enfants de milieu socioéconomique défavorisé souffrent-ils davantage d'obésité ?

....

GRAMMAIRE 1

- **Cesser de** à la forme négative + **infinitif** peut prendre une négation complète (**ne... pas**) ou une négation partielle (**ne...**) ; dans ce cas, il s'agit d'une forme soignée de la langue.
*L'obésité **ne** cesse **pas** de progresser* ou *l'obésité **ne** cesse de progresser.*

- **Éviter + nom** : *Si vous êtes au régime, vous devez **éviter les gâteaux**.*
- **Éviter + de + infinitif** : *Elle **évite de manger** des gâteaux, elle est au régime.*
- **Éviter + que + subjonctif** avec « ne » explétif : ***Évitez que** votre enfant **(ne) devienne** trop gros.*
Éviter que demande le subjonctif parce que ce verbe a une valeur injonctive et négative.

Conseils et recettes de cuisine

Dans notre monde où une partie de l'humanité meurt de faim, il peut paraître choquant de voir se multiplier les émissions télévisées consacrées aux recettes de cuisine.

Et pourtant, nous sommes nombreux à suivre ces émissions culinaires où de grands cuisiniers, d'habiles cuisinières, donnent des conseils, proposent des recettes, présentent des ingrédients, et promettent de nous transformer en vrais cordons-bleus. Ainsi, sur une chaîne publique, voici deux chefs qui annoncent :

– Aujourd'hui nous allons vous donner la recette d'une entrée aux poires et au roquefort. Puis nous préparerons devant vous un saumon frit dans l'huile d'olive.

– Pour l'entrée, prendre une poire mûre mais ferme. Peler la poire, l'émincer en fines lamelles : couper une bonne tranche de roquefort et l'écraser, puis y ajouter une bonne cuillère de mayonnaise faite maison ; ne pas trop saler, poivrer et servir aux amis qui apprécieront. C'est délicieux.

– Passons au saumon. Attention, n'achetez que du saumon sauvage. Évitez le saumon d'élevage. Pour saler, nous vous déconseillons le sel ordinaire, il est préférable d'utiliser la fleur de sel. Quant à l'huile d'olive, il faut la faire venir des Baux-de-Provence. Avant de plonger la tranche de saumon dans l'huile, vous devez attendre que l'huile soit bien chaude, attendre qu'elle chante, qu'elle grésille. Déposez le saumon dans l'huile du côté de la peau, couvrez la poêle et laissez frire 15 minutes sans retourner le poisson.

VOCABULAIRE 2

- **un ingrédient** : élément qui entre dans une préparation, un mélange (la farine, le sucre, les œufs…)
- **un cordon-bleu** *(expression idiomatique)* : une excellente cuisinière.
- **peler** : enlever la peau (d'un fruit ou d'un légume).
- **émincer** : couper en tranches minces, en lamelles.
- **quant à** *(préposition)* + nom ou pronom : en ce qui concerne… *Moi, j'adore les plats sucrés, mon mari préfère le salé,* ***quant aux*** *enfants, ils aiment tout, le salé et le sucré.*
- **frire** : faire cuire dans de l'huile bouillante.
- **grésiller** : faire entendre une succession de bruits secs, comme le fait l'huile bien chaude.

GRAMMAIRE 2

- **Prendre, peler, émincer, couper, écraser, ajouter, saler, poivrer, servir** : tous ces infinitifs ont une valeur impérative, injonctive. Ils expriment un ordre, un conseil général et impersonnel, une consigne. On rencontre l'infinitif à valeur impérative dans les recettes, les avis adressés au public *(Ne pas se pencher à la fenêtre ; Ne pas ouvrir les portes du train en marche…).*

- **Attention à la place de la négation à l'infinitif et à l'impératif.**

Ne pas *acheter de saumon d'élevage./****N'****achetez* ***pas*** *de saumon d'élevage.*
Ne pas *servir de vin rouge avec ce plat./****Ne*** *servez* ***pas*** *de vin rouge avec ce plat.*

- **Attention à la place du pronom personnel à l'infinitif et à l'impératif.**

Mettre la viande dans la casserole et ***la faire*** *cuire à feux doux.*
Mettez la viande dans la casserole et ***faites-la*** *cuire à feux doux.*

ACTIVITÉS DE COMPRÉHENSION ÉCRITE SUR LE TEXTE

A – Compréhension globale

1 ***À votre avis, les conseils donnés dans ce texte s'adressent :***

❒ **a)** à des hommes
❒ **b)** à des femmes
❒ **c)** aux deux

B – Compréhension détaillée

1 ***Le premier paragraphe du texte n'a pas le même ton que les autres. Il exprime :***

❒ **a)** l'approbation. Justifiez avec un mot du texte.
❒ **b)** la critique. Justifiez avec un mot du texte.

2 ***Donnez des exemples pris dans le texte exprimant l'ordre, le conseil ou la dissuasion.***

ACTIVITÉS LINGUISTIQUES

VOCABULAIRE

1 ***Comprendre un mot grâce au contexte.***

a) Quel est le sens du mot *chef* dans ce texte ? ....

b) Quel est le sens du verbe *chanter* ? Trouvez dans le texte le verbe synonyme : ....

c) Trouvez dans le document une expression synonyme de *cordon-bleu* : ....

d) Ici, *une entrée* est :
1. ❒ l'endroit par où l'on entre quelque part.
2. ❒ l'action d'entrer.
3. ❒ le premier plat d'un repas.

2 ***Remplacez le verbe par un nom correspondant en faisant les transformations nécessaires.***

Il peut paraître choquant de voir **se multiplier** les émissions consacrées aux recettes de cuisine.

....

GRAMMAIRE : DE L'INFINITIF À L'IMPÉRATIF

1 ***Remplacez dans le paragraphe suivant l'infinitif par l'impératif. Attention à la place des pronoms personnels.***

Prendre une poire mûre mais ferme. Peler la poire, l'émincer en fines lamelles. Couper une bonne

....

tranche de roquefort et l'écraser, puis y ajouter une bonne cuillère de mayonnaise faite maison,

....

ne pas utiliser de mayonnaise toute prête ; ne pas trop saler, poivrer et servir.

....

POUR EN SAVOIR PLUS...

La cuisine à Versailles au XVIIe siècle

Si pour le petit déjeuner le roi prenait simplement une tasse de bouillon en hiver et un jus de fruits en été, le déjeuner, lui, se déroulait dans l'abondance. Il avait lieu à 13 heures. Le roi avait un gros appétit. Il avait souvent devant lui, en entrée, un gigot de mouton ou des œufs pochés. Puis des rôtis, des poulets, des canards ou bien des rognons de veau rôtis, accompagnés de betterave, de chicorée, de laitue... Le vendredi, le poisson (saumon, truite, sole, merlan) remplaçait les viandes. Le roi appréciait les légumes et préférait les fruits aux pâtisseries. Dans son potager, on trouvait des petits pois, des choux-fleurs, des artichauts, des asperges, des épinards, des haricots. Dans le verger poussaient des pêches, des figues, trois cents espèces de poires, six variétés de fraises, de nombreuses variétés de pommes.

En fin d'après-midi, il y avait la collation: viandes en gelée, pâté, fruits ou pâtisseries présentés sous forme de pyramides décorées de fleurs. Le souper avait lieu vers 20 heures.

■ ***Combien de repas le roi prenait-il chaque jour?***

■ ***Pourquoi le poisson remplaçait-il la viande le vendredi ?***

■ ***Est-ce que le roi préférait les pâtisseries aux fruits?***

La cuisine chez les paysans

Alors qu'à Versailles les repas du roi n'étaient que richesse et abondance, chez les paysans c'était bien différent. Tout dépendait du climat. Quand le climat était favorable, les paysans mangeaient des céréales (blé, orge et seigle). Les fruits et légumes étaient cultivés dans les jardins près des maisons et conservés dans les greniers. C'étaient généralement des fèves, des navets, pour les légumes, et des pommes, des noix, pour les fruits. Le porc était la principale viande consommée, mais en très petite quantité. Quand plusieurs mauvaises récoltes se succédaient, ce qui arrivait souvent, c'était la famine.

■ ***La vie des paysans dépendait d'un facteur important, lequel?***

■ ***Choisissez parmi les termes suivants celui ou ceux qui vous semblent le mieux définir la nourriture des paysans:*** *abondante – frugale – riche – simple – pauvre – recherchée – copieuse.*

■ ***Quelle était la nourriture des paysans de votre pays à cette époque?***

VOCABULAIRE 3

- **l'abondance**: une grande quantité.
- **le potager**: le jardin où poussent les légumes.
- **le verger**: le jardin où poussent les fruits, les arbres fruitiers.
- **la collation**: un repas léger. Aujourd'hui, dans de nombreuses écoles primaires, les enfants prennent une collation vers 10 heures du matin. On tente de la supprimer pour remédier à l'obésité des enfants.

GRAMMAIRE 3

• **L'expression du contraste, du contraire** : **SI** (dans ce sens, toujours en tête), **ALORS QUE**.
Si (= alors que, tandis que) *pour le petit déjeuner le roi prenait une simple tasse de bouillon, pour le déjeuner il avalait une grande quantité de nourriture.*
Alors qu'*à Versailles, c'était le luxe et l'abondance, chez les paysans c'était parfois la famine.*
Ou : *À Versailles, c'était le luxe et l'abondance,* ***alors que*** *chez les paysans, c'était la famine.*

• **Préférer = aimer mieux**, attention à la construction de ce verbe.
préférer + nom + à + nom : *Il préfère le poisson* ***à*** *la viande ; elle préfère Florence* ***à*** *Rome ; elle préfère la baguette* ***au*** (= à + le) *pain de seigle.*

PRODUCTION ÉCRITE

1 ***Imaginez... Vous êtes nutritionniste et vous donnez aux parents quatre ou cinq bons conseils pour éviter que les enfants ne deviennent obèses. Complétez le document 2, page 9.***

2 ***Souvenez-vous... Racontez un repas qui pour vous est inoubliable parce qu'il a été particulièrement bon ou mauvais. Décrivez le cadre, l'ambiance, les invités, les plats, la table...***

3 ***Nostalgie, nostalgie... Rappelez-vous un plat de votre enfance et essayez d'en retrouver la recette...***

Plaisir de Lire...

Les petits pois

Le chapitre des petits pois dure toujours ; l'impatience d'en manger, le plaisir d'en avoir mangé et la joie d'en manger encore sont les trois points que nos princes traitent depuis quatre jours. Il y a bien des dames qui, après avoir soupé chez le roi, trouvent des pois chez elles pour manger avant de se coucher, au risque d'une indigestion. C'est une mode... c'est une fureur...

Madame de Sévigné, Correspondance.

LEÇON 2 — À VOS MARTEAUX !

■ **Objectifs fonctionnels :** Identifier un texte – Repérer le thème général du texte – Comprendre le but du document – Identifier le public visé.

■ **Lexique :** Les outils et le mobilier.

■ **Grammaire :** Infinitif à valeur d'impératif – L'impératif – *Devoir* + infinitif, *il faut* + infinitif, *pouvoir* au présent + infinitif – Futur à valeur d'impératif – Les verbes *proposer, conseiller, recommander*... – Le futur antérieur pour marquer l'antériorité – Suppression du pronom sujet, suppression de l'article.

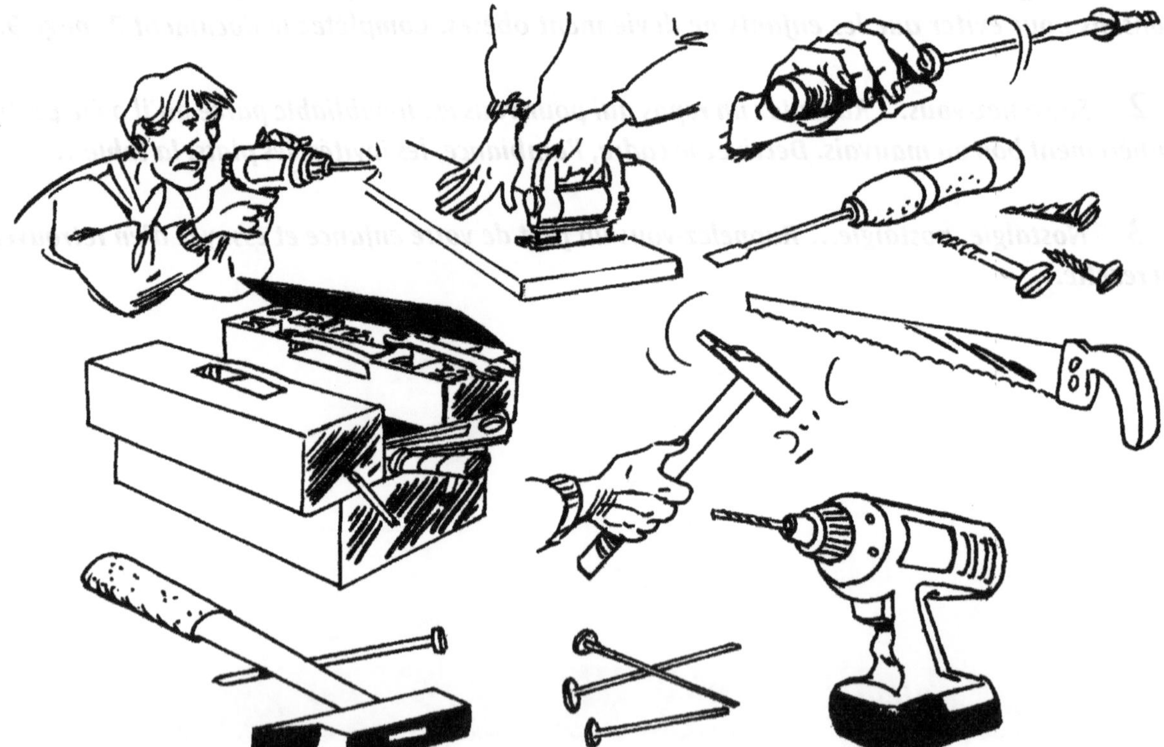

■ ***Pouvez-vous identifier ces outils ? À quoi servent-ils ?***

VOCABULAIRE 1

- assembler, clouer, enfoncer, percer, scier, taper, tourner, visser, dévisser.
- une boîte à outils – un clou, un marteau, une perceuse, une scie, un tournevis.

DOCUMENT 1

Bricoler, c'est le plaisir de créer, d'arranger, de réparer, d'aménager soi-même. M.Bricolage vous propose plus de 500 trucs* et astuces pratiques qui vous permettront de faire vite et bien une multitude de petits et grands travaux. Il vous montre ainsi qu'on peut compter sur lui.

*__un truc__: façon de faire qui demande de l'habileté, de l'adresse; une **astuce**.

Qui est M.Bricolage?

Quels sont les mots clés de ce document?

DOCUMENT 2

Faites un grand plaisir à votre enfant: réalisez vous-même son bureau et une petite chaise pour aller avec. Mieux que n'importe qui, vous connaissez ses goûts, ses couleurs favorites. Créez-lui son mobilier; il s'en souviendra très longtemps.
Faites-le vous-même avec les fiches de M.Bricolage.

Pour encourager les gens à réaliser un objet, ce document fait plutôt appel:

❐ **a)** à des arguments logiques. Justifiez.

❐ **b)** à la sensibilité, au cœur. Justifiez.

Quels sont les points communs entre les deux documents ?

GRAMMAIRE 1

- **Attention**: **l'infinitif peut être sujet de la phrase**. Il peut remplacer un nom.
Bricoler, c'est le plaisir de créer...: le bricolage, c'est le plaisir de créer.
Travailler, c'est bon pour le moral: le travail est bon pour le moral.

- **Attention**:
*Ses couleurs **favorites**.* Le masculin est **favori**, le féminin est **favorite**.

Tableau pour ne rien oublier

Tableau d'écolier ou tableau de ménagère, tableau pour écrire ou tableau pour fixer de petits papiers; ils sont bien utiles pour noter les heures de cours, les rendez-vous, les courses, etc.

Nous vous proposons de fabriquer vous-même un tableau comme à l'école. Vous verrez, c'est très facile.

Voici les fournitures que nous vous conseillons d'acheter. Vous devez vous procurer :

- *un morceau de panneau de contreplaqué;*
- *de la sous-couche spéciale bois;*
- *de la peinture à tableau;*
- *deux attaches, un porte-craie et un porte-éponge (vous pourrez utiliser deux accessoires de salle de bains, des porte-savons par exemple).*

1. *Appliquer la sous-couche sur le panneau. Nous vous recommandons de la laisser sécher avant de poursuivre.*
2. *Il faut ensuite poncer au papier de verre fin. Vous appliquerez alors deux couches de peinture à tableau.*
3. *Vissez les attaches au dos du tableau.*
4. *Accrochez les accessoires avec des vis à tête ronde, et voilà, c'est prêt ! Vous pouvez écrire...*

VOCABULAIRE 2

- **les fournitures** : petits outils utilisés dans certains métiers, accessoires proposés pour des travaux.
- **un panneau** : surface plane de métal ou de bois.
- **le contreplaqué** : matériau formé de plaques de bois minces collées.
- **une sous-couche** : première couche de peinture pour préparer les couches suivantes.
- **une attache** : objet servant à attacher, à faire tenir, crochet.
- **poncer** : frotter, polir.
- **une vis** : tige ronde de bois, de métal, présentant une tête, que l'on fait pénétrer dans du bois ou dans du métal, en la faisant tourner sur elle-même.

GRAMMAIRE 2

Vous utiliserez, vous appliquerez... Ces futurs ont valeur d'impératif.
Le futur à valeur d'impératif s'utilise pour atténuer, affaiblir l'expression d'un ordre.

ACTIVITÉS DE COMPRÉHENSION ÉCRITE SUR LE TEXTE

A – Compréhension globale

1 ***Ce texte est :***

❒ a) une recette ❒ b) un mode d'emploi ❒ c) un menu

Justifiez votre réponse.

....

2 ***À votre avis, qui peut fabriquer le tableau présenté dans le document ?***

❒ a) des adultes ❒ b) des enfants

B – Compréhension détaillée

1 ***À quoi sert ce tableau ?***

2 ***Quelles sont les fournitures demandées ?***

....

ACTIVITÉS LINGUISTIQUES

VOCABULAIRE

1 ***Remplacez le verbe souligné par le nom correspondant en faisant les transformations nécessaires.***

a) Nous allons commencer à <u>fabriquer</u> une étagère. ....

b) <u>Appliquer</u> plusieurs couches de peinture n'est pas toujours facile. ....

2 ***Faites une phrase avec chacun de ces verbes, suivi d'un infinitif :*** *proposer, conseiller, recommander.*

a) ....

b) ....

c) ....

3 ***Donnez le nom correspondant à chacun de ces trois verbes.***

proposer → .... conseiller → .... recommander → ....

GRAMMAIRE

1 ***Relevez dans le texte les différentes manières d'exprimer l'ordre, le conseil.***

....

....

....

....

POUR EN SAVOIR PLUS...

Les femmes et le bricolage

Une étude sérieuse a révélé que, depuis la fin des années 1990, les femmes sont de plus en plus nombreuses à faire des travaux de bricolage. Elles y montrent de l'habileté et de la compétence, elles se sentent plus sûres d'elles-mêmes et ont acquis ainsi plus d'indépendance vis-à-vis de leur mari ou de leur compagnon.
Sept femmes sur dix bricolent, 43 % d'entre elles achètent elles-mêmes leurs outils (clous, marteaux, perceuse, tournevis électrique, pince). Leur comportement aussi a changé. Aujourd'hui, elles vont seules dans les magasins de bricolage ; elles y flânent, cherchant des idées, des informations ; elles lisent les étiquettes, dialoguent avec les vendeurs et veulent toujours en savoir plus sur les outils, les produits, les quantités. Elles améliorent le confort de la maison : elles repeignent, font des travaux d'isolation, changent douche, interrupteur, robinetterie et deviennent véritablement des « fées du logis ».

VOCABULAIRE 3

- **acquérir** : gagner, obtenir.

*Elle **a acquis** des connaissances en travaillant et en lisant. **Ils ont acquis** certaines habitudes.*

- **flâner** : se promener sans se presser, sans se dépêcher.
- **la compétence** : l'aptitude, la qualité, la capacité.
- **une fée du logis** : une fée est une femme imaginaire qui a des pouvoirs magiques. Le logis est un mot vieilli pour désigner la maison. **La fée du logis** est une expression qui désigne une bonne maîtresse de maison, une femme qui s'occupe bien de sa maison, de sa famille.

GRAMMAIRE 3

- **Attention** au verbe **ACQUÉRIR** : c'est un verbe difficile.

Présent : j'acqu**iers**, tu acqu**iers**, il acqu**iert**, nous acqu**érons**, vous acqu**érez**, ils acqu**ièrent**.
Imparfait : j'acquér**ais**, tu acquér**ais**, il acquér**ait**, nous acquér**ions**, vous acquér**iez**, ils acquér**aient**.
Futur : j'acquer**rai**, tu acquer**ras**, il acquer**ra**, nous acquer**rons**, vous acquer**rez**, ils acquer**ront**.
Passé composé : j'ai acqu**is**, tu as acqu**is**, il a acqu**is**, nous avons acqu**is**, vous avez acqu**is**, ils ont acqu**is**.

- **Remarques** :

Dans une suite de verbes, il n'est pas nécessaire de répéter le pronom sujet :
Elles lisent les étiquettes, dialoguent avec les vendeurs, veulent en savoir plus...

Dans une suite de noms, on peut supprimer l'article pour produire un certain effet, pour donner plus de vivacité à la phrase :
Tout le monde bricolait : parents, enfants, amis.
Elle peut tout changer à la maison : ampoule, interrupteur, robinet...

PRODUCTION ÉCRITE

1 ***Souvenir d'enfance. Rappelez-vous! Dans les petites classes, à la maternelle ou dans les premières classes de l'école primaire, vous avez dû fabriquer un collier, un cendrier, une boîte... Racontez (l'objet fabriqué, les matières, les outils, les couleurs...). Si vous n'avez rien fait, imaginez...***

2 ***Vous êtes le directeur d'un magasin de bricolage. Imaginez un slogan publicitaire pour attirer les clients dans votre magasin.***

3 ***Vous êtes une femme: vous reconnaissez-vous dans le texte ci-contre*** « *Les femmes et le bricolage* »***?***
Vous êtes un homme: reconnaissez-vous les femmes de votre entourage, de votre pays, dans ce texte?

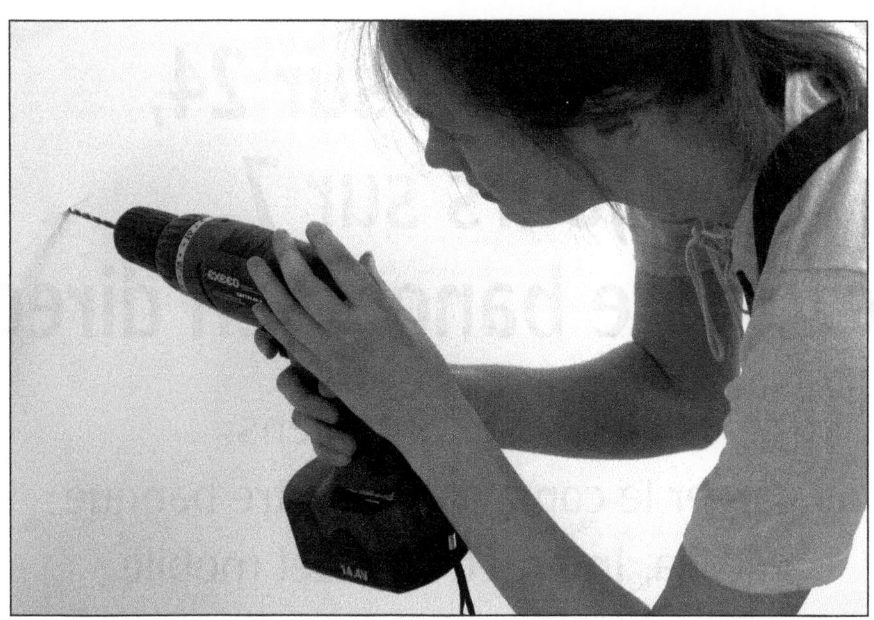

Plaisir de Lire...

Madame Moreau détestait Paris. En quarante, après la mort de son mari, elle avait pris la direction de la fabrique [...] Elle avait développé, transformé, métamorphosé la petite entreprise [...] Son mari n'aurait pas reconnu ce qu'était devenu son atelier plein d'odeurs de copeaux: deux mille personnes, fraiseurs, tourneurs, ajusteurs, mécaniciens, monteurs [...] dessinateurs [...] maquettistes, peintres, magasiniers [...] chauffeurs, livreurs [...] ingénieurs, secrétaires, publicistes [...] fabriquant et distribuant chaque année plus de quarante millions d'outils de toutes sortes et de tous calibres.

Georges Perec, La Vie mode d'emploi.

LEÇON 3

À VOS EUROS !

■ **OBJECTIFS FONCTIONNELS :** Identifier un texte – Repérer le thème général du texte – Comprendre les intentions d'un document – Identifier le public visé.

■ **LEXIQUE :** La banque, l'argent, l'euro.

■ **GRAMMAIRE :** L'impératif et *il faut que* + subjonctif qui expriment l'injonction, l'ordre, le conseil – L'impératif à valeur hypothétique.

24 heures sur 24,
7 jours sur 7,
vivez votre banque en direct !

Découvrez 3 moyens
de garder le contact avec votre banque :
Vocalia, Internet, Internet mobile.

■ ***Commentez cette publicité. Sur quel point le texte de cette publicité insiste-t-il ?***

VOCABULAIRE 1

- déposer, épargner, fermer, gérer, ouvrir, retirer.
- l'argent, un compte, un crédit, une carte bleue, un chéquier.

DOCUMENT 1

VOUS SOUHAITEZ METTRE DE L'ARGENT DE CÔTÉ ?
VOUS SOUHAITEZ DIVERSIFIER AU MIEUX VOTRE ÉPARGNE* ?

VOICI PLUSIEURS SOLUTIONS SÛRES ET RENTABLES.
- AVEC EUROKID, VOUS POUVEZ REMPLIR LA TIRELIRE* DE VOTRE ENFANT DÈS SA NAISSANCE.
- AVEC LE CODEVI, VOUS POUVEZ PLACER JUSQU'À 4600 EUROS ET EN RECEVOIR DES INTÉRÊTS* SANS PAYER AUCUN IMPÔT.
- AVEC GÉNÉPRO, ASSUREZ VOTRE PROTECTION ET CELLE DE VOS PROCHES EN CAS DE DÉCÈS OU D'ARRÊT DE TRAVAIL.

* **une épargne** : économie, l'argent qui n'a pas été dépensé, mais conservé.
* **la tirelire** : petit récipient avec une fente pour glisser des pièces de monnaie et économiser son argent.
* **les intérêts** : l'argent, reçu pour l'argent épargné.

Ce document veut :

❒ **a)** obliger le client à épargner ❒ **b)** le persuader d'épargner

Justifiez votre réponse.

....

Quelles sont les solutions proposées par la banque pour permettre à ses clients d'épargner leur argent ?

Ces solutions correspondent à trois moments de la vie. Lesquels ?

DOCUMENT 2

Devenez parrain et accélérez le tempo !

Avec votre famille et vos amis, vous partagez les « bons plans » ! Alors pourquoi ne pas partager la même banque ? Parrainez* vos proches et nous nous chargeons de tout !*

* **les bons plans :** les projets de sortie, les distractions.
* **parrainer :** devenir le parrain, celui qui présente quelqu'un dans un club, dans une société pour l'y faire inscrire.

GRAMMAIRE 1

- ***Pourquoi ne pas partager la même banque ?*** = Vous devriez partager la même banque.
La forme interro-négative a ici valeur de conseil, de proposition plus vivante, plus directe.

- ***Parrainez*** *vos proches et nous nous chargeons de tout.* = Si vous parrainez vos proches, nous nous chargerons de tout.
Ici, l'impératif a aussi valeur d'hypothèse.

On déménage !

Un déménagement, c'est toute une organisation ; des formalités à accomplir, des décisions à prendre.

Votre banque vous apporte son concours pour vous préparer à vivre au mieux cette étape importante.

Avant de quitter votre ancienne habitation :
- vous êtes locataire : prévenez votre propriétaire dans les délais prévus par votre contrat de location ;
- vous êtes propriétaire et vous avez vendu votre logement : il faut que vous informiez le syndic de la copropriété de la date de votre départ ;
- réservez dès que possible la date de votre déménagement ;
- n'oubliez pas de vous inscrire sur les listes électorales à la mairie de votre nouveau domicile ;
- quelques jours avant votre déménagement, déposez une demande dans votre ancien bureau de poste pour qu'on réexpédie le courrier à votre nouvelle adresse ;
- n'oubliez pas d'informer votre ancien centre des impôts de votre changement de domicile ;
- pensez à informer les compagnies de téléphone, d'eau, de gaz et d'électricité de votre nouvelle adresse ;
- faites transférer votre compte bancaire dans une succursale de votre banque proche de votre nouveau domicile ;
- faites assurer auprès de votre banque votre nouveau logement.

VOCABULAIRE 2

- **la copropriété** : l'ensemble des propriétaires d'un immeuble.
- **le syndic** : la personne ou la société choisie par les copropriétaires d'un immeuble pour gérer, administrer les biens de la copropriété.
- **au mieux** : de la meilleure façon.
- **une succursale** : une annexe.

GRAMMAIRE 2

- ***Vous êtes locataire*** : *prévenez votre propriétaire* = Si vous êtes locataire, prévenez votre propriétaire.
On peut marquer l'hypothèse, par une simple juxtaposition de deux propositions indépendantes.
Vous êtes propriétaire : *informez le syndic* = Si vous êtes propriétaire, informez le syndic.

- ***Il faut que vous informiez*** *le syndic* : **IL FAUT QUE + subjonctif.**
C'est aussi une façon d'exprimer l'ordre, le conseil.

- ***Dès que possible*** = Aussitôt que vous pourrez.

ACTIVITÉS DE COMPRÉHENSION ÉCRITE SUR LE TEXTE

A – Compréhension globale

1 ***À votre avis, les conseils de la banque sont :***

❒ **a)** utiles.
❒ **b)** inutiles.

B – Compréhension détaillée

1 ***Si vous deviez déménager, est-ce que vous respecteriez tous les conseils donnés dans ce document ?***

2 ***À votre avis, parmi tous ces conseils, lesquels sont les plus importants pour la banque ?***

3 ***Pourquoi faut-il s'inscrire sur les listes électorales ?***

ACTIVITÉS LINGUISTIQUES

VOCABULAIRE

1 ***Relevez dans le texte tous les termes qui désignent l'endroit où on habite.***

2 ***Comprendre un mot grâce au contexte.***
Ici le mot** « concours » **(à la 3e ligne) signifie :

❒ **a)** un jeu public organisé par les médias.
❒ **b)** une épreuve, un test de connaissances.
❒ **c)** une aide, un appui.

3 ***Quelle différence faites-vous entre les trois verbes suivants :***
déménager, emménager, aménager. ***Vérifiez dans le dictionnaire.***

GRAMMAIRE : DE L'IMPERATIF À L'INFINITIF

1 ***Remplacez l'impératif par l'infinitif dans les phrases suivantes :***

Pensez à informer les compagnies de téléphone, d'eau, de gaz et d'électricité de votre nouvelle adresse.

....

Faites transférer votre compte bancaire dans une succursale de votre banque proche de votre nouveau

....

domicile. Faites assurer auprès de votre banque votre nouveau logement.

....

N'oubliez pas d'informer votre ancien centre des impôts de votre changement de domicile.

....

POUR EN SAVOIR PLUS…

Un Portable pour le prix d'un café !

Aujourd'hui, en 2005, 85 % des étudiants utilisent régulièrement Internet, mais 10 % seulement possèdent un ordinateur.

Le ministère de l'Éducation nationale a lancé une opération nationale qui réunit les universités, les constructeurs d'ordinateurs et les banques. Cette opération permettra aux étudiants d'acheter un ordinateur portable à 1 euro par jour, c'est-à-dire au prix d'un café.

D'un côté, des constructeurs et des distributeurs proposent aux étudiants qui le souhaitent un large choix de micro-portables.

De leur côté, les banques proposent des prêts étudiant et une offre de crédit d'un montant de 1 000 euros remboursables sur 36 mois, soit 1 euro par jour.

■ ***Quels sont les deux partenaires principaux de cette opération ? Quelles sont les expressions qui introduisent ces partenaires ?***

■ ***Quelle est la phrase choc de ce texte ?***

Prêt étudiant ! Votre banque vous aime !

Un étudiant a souvent des besoins financiers importants : frais de scolarité, d'hébergement, de transport, achat d'un ordinateur ou peut-être d'une voiture, dépenses de la vie courante.

Emprunter la somme d'argent dont on a besoin auprès d'une banque est une solution simple pour réaliser ses rêves.

Votre banque vous donne un coup de pouce en vous proposant un prêt personnel qui vous permettra de financer tout type de projet à des conditions avantageuses, particulièrement intéressantes.

■ ***Relevez dans le texte les expressions qui justifient le titre.***

VOCABULAIRE 3

- **un hébergement** : un logement.
- **un prêt** : action de mettre quelque chose à la disposition de quelqu'un.

Une bibliothèque de prêts, un prêt en argent…
Le contraire de « prêt » est « emprunt ». Quand on prête, on donne, quand on emprunte, on reçoit.
La banque fait un prêt aux étudiants. Les étudiants empruntent de l'argent à la banque.

- **rembourser** : rendre l'argent prêté.
- **donner un coup de pouce** : donner un moyen d'avancer, aider…

GRAMMAIRE 3

- **Tout type de projet** : ici, le mot « tout(e) » est un adjectif indéfini qui signifie : « n'importe qui », « n'importe quel(le) »… *J'étudierai **toute proposition** qu'on me soumettra.*

PRODUCTION ÉCRITE

1 ***À votre avis, pourquoi l'Éducation nationale a-t-elle lancé l'opération micro-portable étudiant ? Pouvez-vous donner deux ou trois raisons ?***

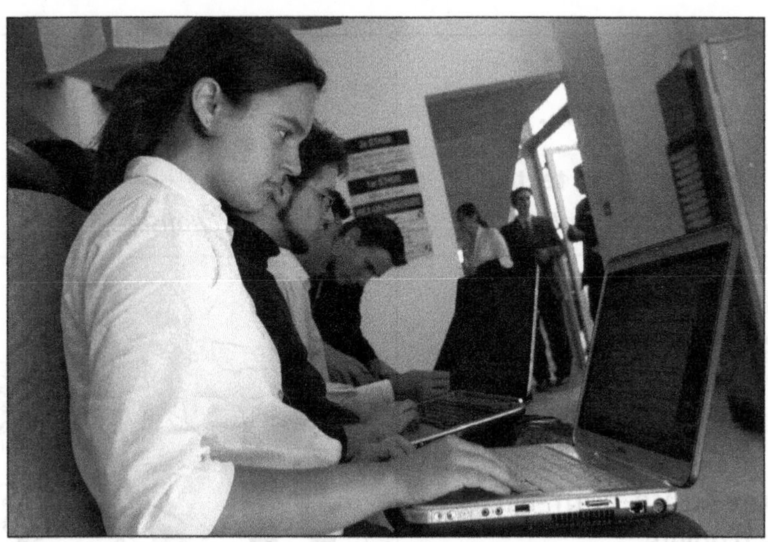

2 ***Rédigez un petit texte pour demander un prêt étudiant à votre banque.***
(Donnez votre nom, votre situation, les raisons de la demande, la somme demandée, la durée du prêt, la durée des remboursements...)

3 ***Est-ce qu'il existe dans votre pays des prêts particuliers pour les étudiants et des facilités bancaires pour le logement ?***

4 ***Trouvez un slogan publicitaire pour le deuxième texte,*** *« Prêt étudiant ! Votre banque vous aime ! »*

....

Plaisir de Lire...

Quelques citations pour rire...

L'argent n'a pas d'odeur, mais à partir d'un million il commence à se faire sentir.

Tristan Bernard, Sketches pour la scène et la radio.

Le grand souci des hommes d'affaires français n'est pas de gagner de l'argent, mais d'empêcher les autres d'en gagner.

Tristan Bernard, Sur les grands chemins.

La finance est l'art de faire passer l'argent de mains en mains jusqu'à ce qu'il ait disparu.

Robert W. Sarnoff.

Un dépôt est une contribution charitable à l'avenir de votre banque.

Ambrose Bierce.

AUTO ÉVALUATION 1

Maintenant, vous savez...

1 ■ Reconnaître la nature d'un texte

Exercice 1 : *Identifiez le document suivant. Cochez la bonne réponse.*

> Au moyen des vis que vous trouverez dans le sachet en plastique, assemblez les quatre planches les unes aux autres. Poncez-les, peignez-les ; vous aurez une boîte à jouets ou une boîte pour ranger toutes sortes d'objets.

❒ **a)** une recette de cuisine
❒ **b)** une publicité bancaire
❒ **c)** un mode d'emploi

Bonne réponse : 1 point

2 ■ Comprendre les éléments essentiels d'un texte

Exercice 2 : *À qui s'adresse ce document ? Cochez la bonne réponse.*

> Que ce soit pour un job d'été ou un stage plus long, une expérience dans un autre pays, dans un environnement linguistique et culturel différent du vôtre, sera en tous points bénéfique. Mais si vous voulez en tirer le meilleur parti pour votre avenir professionnel, vous devez non seulement accomplir toutes les démarches administratives nécessaires mais aussi vous consacrer à un travail linguistique efficace et à l'acquisition d'un minimum de connaissances concernant l'Allemagne et l'Autriche.

❒ **a)** à des collégiens
❒ **b)** à des retraités
❒ **c)** à des étudiants en fin d'études

Exercice 3 : *Quel titre pourriez-vous donner à ce document ?*

....

Exercice 4 : *Ce document donne deux conditions importantes à remplir pour « tirer le meilleur parti d'un job ou d'un stage ». Quelles sont ces deux conditions ?*

....

Exercice 5 : *Ce document suppose la connaissance d'une langue étrangère. Laquelle ?*

....

Bonnes réponses : 5 points

3 ■ Repérer qui parle

Exercice 6 : *Qui s'adresse à qui ?*

Attention ! Vos enfants deviennent obèses ! Voici quelques conseils !

❒ **a)** un voisin à sa voisine ❒ **b)** le ministre de l'Éducation nationale aux parents d'élèves
❒ **c)** un médecin nutritionniste à des parents

Bonne réponse : 1 point

4 ■ Repérer les champs sémantiques

Exercice 7 : *Rassemblez en deux groupes les termes qui évoquent le thème de la cuisine et le thème du bricolage : casserole, chignole, ingrédients, marteau, menu, outils, plats, tournevis, scie, ustensiles.*

Le thème de la cuisine : ....

Le thème du bricolage : ....

Exercice 8 : *Constituez deux ensembles avec les verbes suivants : l'un qui évoquera le monde de la banque et l'autre le monde de la cuisine (un de ces verbes pourra appartenir aux deux : donnez ce verbe) : confectionner, déposer, épargner, gérer, mélanger, préparer, verser.*

Le monde de la banque : ....

Le monde de la cuisine : ....

Bonnes réponses : 4 points

5 ■ Reconnaître le ton d'une phrase

Exercice 9 : *Lisez attentivement ces phrases et repérez celle qui exprime : un ordre, un conseil ou une proposition.*

Avant de monter dans le train,
n'oubliez pas de composter votre ticket.

Éteignez vos portables !

Voulez-vous découvrir
nos différents plans d'épargne ?

Nous vous invitons à prendre contact avec les responsables de la banque.

Bonnes réponses : 3 points

6 ■ Comprendre le sens précis de mots voisins

Exercice 10 : *Classez par ordre décroissant les verbes suivants (du plus injonctif au moins injonctif) : conseiller, ordonner, recommander.*

Bonne réponse : 1 point

---

7 ■ Passer d'un mode à un autre

Exercice 11 : *Remplacez l'impératif par l'infinitif en faisant les transformations nécessaires.*

Prenez un bol et mettez-y de la farine, du sucre et des œufs. Mélangez ces ingrédients et battez-les. Versez la pâte ainsi obtenue dans un récipient en verre. Faites cuire le gâteau pendant une heure environ. Sortez-le du four et laissez-le refroidir avant de le manger.

Bonnes réponses : 5 points

COMPTEZ VOS POINTS

Vérifiez les bonnes réponses dans le corrigé page 118.
Vous avez plus de 15 points : *Félicitations ! Vous êtes prêt(e) à affronter l'Unité 2.*
Vous avez entre 15 et 10 points : *De 13 à 15, c'est bien ; de 10 à 13, ce n'est pas mal.*
Vous avez moins de 10 points : *Allez, courage, encore un petit effort ! Corrigez vos fautes, essayez de les comprendre, puis, après avoir effacé le corrigé, refaites les exercices de l'autoévaluation.*

LE TEXTE DESCRIPTIF

Décrire c'est, représenter des objets, des lieux, des personnages.

Le texte descriptif donne à voir. Il montre une image que le lecteur ne voit pas mais qu'il peut imaginer.

On le rencontre dans les romans, les nouvelles, les contes, les guides touristiques.

Il est souvent associé au texte narratif :

*Quand je suis arrivé à Paris en 1962, il y **avait** encore les Halles de Baltard... La voiture **était** reine et la pollution **encrassait** tout.*

Mais, si le texte narratif présente des déroulements dans le temps, le texte descriptif s'organise souvent selon un ordre spatial.

• Ainsi, on peut l'identifier :

– par la présence d'**indicateurs de lieu** qui structurent le texte : *au loin, plus loin, en haut, en bas, à droite, à gauche... :*

***Au milieu de la Seine, entre** Boulogne-Billancourt **sur la rive droite** et Sèvres **sur la rive gauche**, il y a une île, l'île Seguin, qui dans les années 1920 était encore un îlot de verdure.*

– par la présence de l'**imparfait** ou du **présent** :

*L'usine **se dressait** sur cinq niveaux. C'était la plus moderne d'Europe. Aujourd'hui, l'usine n'**existe** plus et l'endroit **est** désert.*

• Le texte descriptif peut avoir **plusieurs fonctions**. Il peut :

– représenter, donner à voir avec des mots :

*Paris **est méconnaissable** aujourd'hui, plus **clair**, plus **beau**, plus **agréable**.*

– donner des informations au lecteur (et, dans ce cas, il se rapproche du texte explicatif) :

*Sur presque tous les ponts de Paris, il y **avait** des maisons : on les **détruit** ; de nouveaux ponts **sont construits**.*

– apporter au texte une valeur artistique, littéraire :

*Aujourd'hui, l'île Seguin **se présente comme un bateau qui ne peut plus naviguer, qui ne peut plus voyager sur l'eau**. C'est un endroit désert, où se dresse l'ancienne usine Renault.*

– traduire des impressions :

*Paris **est** méconnaissable aujourd'hui, plus clair, plus beau, plus agréable. Comme neuf !*

PARIS DU MOYEN ÂGE À NOS JOURS

■ **Objectifs fonctionnels :** Comprendre un document descriptif (1).
■ **Lexique :** La ville, l'urbanisme.
■ **Grammaire :** L'imparfait descriptif (1) – L'expression de la spatialisation (1) – La comparaison.

■ ***À l'aide du vocabulaire, décrivez l'aspect de cette rue médiévale.***

■ ***Quelles sont les grandes différences entre cette rue et la même rue aujourd'hui ?***

VOCABULAIRE 1

- des pavés – des maisons à pignons – un clocher – un passant – une servante – un panier.
- animé, encombré, sale.
- faire les courses – balayer.

DOCUMENT 1

Évolution de la population parisienne (Paris intra-muros) depuis deux siècles.

Année	Habitants	Année	Habitants
1831	785 866	**1954**	2 850 189
1861	1 696 141	**1962**	2 790 091
1891	2 447 957	**1975**	2 290 852
1921	2 906 472	**1982**	2 176 243
1931	2 891 020	**1999**	2 125 246

■ ***À quelle époque la population parisienne a-t-elle atteint son maximum ?***

■ ***Comment peut-on expliquer la baisse de la population parisienne ?***

GRAMMAIRE 1

- **passer de... à...** – augmenter ≠ diminuer – croître, s'accroître ≠ décroître – être en hausse ≠ être en baisse – rester stable.
- **on constate** + nom/+ que..., **on peut remarquer** + nom/+ que..., **il faut signaler** + nom/+ que.

*On peut remarquer **que la population diminue**/On peut remarquer **une diminution de la population**.*

DOCUMENT 2

Au secours ! Paris se vide ! Paris vieillit ! Paris s'embourgeoise !

Paris a perdu beaucoup d'habitants depuis un demi-siècle, surtout dans le centre. Ce phénomène s'explique essentiellement par la désindustrialisation de la ville. En effet, les entreprises préfèrent s'installer en banlieue, où les terrains sont moins chers, et beaucoup de salariés* ont suivi leur entreprise.

Le prix des appartements n'est pas non plus étranger à cet exode : souvent, quand arrivent les enfants, les jeunes parents quittent Paris pour aller habiter en banlieue. Pas étonnant donc que la population vieillisse : 22 % des Parisiens ont plus de 60 ans et un ménage* sur deux est composé d'une seule personne.

Plus vieux, plus seuls... mais plus riches ! Paris s'est beaucoup embourgeoisé depuis trente ans ; presque tous les artisans* et les ouvriers sont partis et les cadres supérieurs sont surreprésentés. Des quartiers, naguère populaires* (la Bastille, par exemple, où vivaient surtout des artisans, ou plus récemment, Belleville, quartier où se sont succédé toutes les vagues d'immigration depuis 1920), sont devenus « branchés »* et donc chers.

Il reste encore quelques îlots* populaires au nord-est de la capitale : une partie du 18e, le 19e, une partie du 20e... Mais pour combien de temps ?

* **Un salarié** travaille dans une entreprise et touche un salaire.
* **Un ménage** *(dans ce contexte)* : une unité d'habitation (un ménage peut comporter une, deux, trois, dix personnes).
* **L'artisan** fait un travail manuel mais pour son propre compte. *(Un bottier, un boulanger...).*
* Un quartier **populaire** ≠ riche – * « **branché** » *(fam.)* : à la mode.
* **Un îlot** *(dans ce contexte)* : un petit secteur, un petit quartier.

■ ***Quels sont les adjectifs qui correspondent aux verbes suivants :** rajeunir – grossir – rougir – raccourcir – rétrécir – éclaircir – s'enrichir – s'appauvrir ?*

Exemple : *vieillir → vieux, vieille.*

....

Paris a bien changé !

Quand je suis arrivé en 1962, il y avait encore les Halles de Baltard. Je me souviens, quelquefois, à l'aube, on allait y manger une soupe à l'oignon. C'était très amusant : pour moi qui venais de province, la soupe à l'oignon aux Halles, c'était tout Paris ! J'avais l'impression de me trouver dans un roman de Balzac ou dans un film néoréaliste.

À l'époque, il n'y avait ni la Pyramide du Louvre, ni l'Opéra Bastille, ni le musée d'Orsay... Et les immeubles étaient très gris, très sales.

La voiture était reine et la pollution encrassait tout... Notre-Dame de Paris, par exemple, n'avait rien à voir avec ce qu'elle est aujourd'hui.

C'était il y a moins d'un demi-siècle et c'est comme si c'était il y a mille ans ! On a nettoyé, ravalé, rénové... Paris est méconnaissable aujourd'hui, plus clair, plus beau, plus agréable. Comme neuf !

J'ai vu disparaître les Halles, construire le Forum à la place. J'ai assisté aux métamorphoses du quartier de la Bastille. J'ai connu la vieille gare Montparnasse et vu s'élever à sa place la tour du même nom.

En quelques décennies, on en a vu, des changements ! Toujours dans le même sens, hélas : l'un après l'autre, tous les quartiers autrefois populaires se sont embourgeoisés, les « cafés-bois-charbon » sont devenus des bistrots à la mode, les épiceries sont aujourd'hui des « traiteurs » et les habitants qui n'avaient plus les moyens d'y vivre ont émigré vers la banlieue.

VOCABULAIRE 2

- **à l'époque** : à cette époque-là.
- **encrasser** : salir (la crasse, en français familier, c'est la saleté).
- **ravaler** un immeuble : nettoyer sa façade.
- **rénover** : remettre à neuf.
- **méconnaissable** : impossible à reconnaître à cause d'un changement.
- **une métamorphose** : un changement radical.
- **une décennie** : une période de dix ans.
- **un « café-bois-charbon »** : beaucoup de cafés, avant 1970, vendaient aussi du bois et du charbon.
- **Chez un traiteur**, on peut trouver des plats tout préparés.

GRAMMAIRE 2

- **C'EST COMME SI** → toujours + imparfait : *C'est comme si c'était il y a mille ans.*

- **Observez la structure de ces phrases :**

J'ai vu disparaître les Halles, construire le Forum à la place.
J'ai connu la vieille gare Montparnasse et vu s'élever à sa place la tour du même nom.
Vous remarquez qu'il n'est pas nécessaire de reprendre la totalité du verbe :
J'ai vu disparaître... et (j'ai vu) construire...
J'ai connu... et (j'ai) vu...
Cette suppression rend la phrase plus légère.

ACTIVITÉS DE COMPRÉHENSION ÉCRITE SUR LE TEXTE

A – Compréhension globale

1 ***À votre avis, quel âge a, à peu près, la personne qui parle ?***

2 ***L'auteur évoque le plaisir d'aller manger une soupe à l'oignon aux Halles à l'aube. Pourquoi, dans son imaginaire, c'était*** *« tout Paris »* ***?***

3 ***Quels sont les points communs entre ce texte et le document 2, page 31 ?***

4 ***Quel est le ton de ce texte ? Est-ce que l'auteur pense que Paris est mieux maintenant ou moins bien ? Justifiez votre réponse avec des éléments du texte.***

....

....

B – Compréhension détaillée

1 ***Relisez bien le texte. Est-ce qu'on peut savoir si la personne qui parle est un homme ou une femme ?***

2 ***En vous aidant du contexte, comment comprenez-vous l'expression :*** *« Ils n'avaient plus les moyens d'y vivre. »*

ACTIVITÉS LINGUISTIQUES

VOCABULAIRE

1 ***Chassez l'intrus.***

un bâtiment – une construction – un édifice – un bateau – un immeuble – une maison.

2 ***Dans ce texte, figure l'adverbe*** *« autrefois »*. ***Trouvez dans le document 2 page 31 un mot de même sens.***

GRAMMAIRE/STYLISTIQUE

1 ***Dans ce texte, il y a plusieurs*** *« on »*. ***Que représentent-ils, à votre avis ?***

a) *« On allait y manger une soupe à l'oignon. »* : ....

b) *« On a nettoyé, ravalé, rénové… »* : ....

c) *« En quelques décennies, on en a vu, des changements ! »* : ....

2 ***Allégez la phrase suivante en supprimant ce qui est inutile.***

L'auteur explique que, depuis qu'il habite à Paris, il a vu beaucoup de changements : il a vu les quartiers se transformer petit à petit, les uns après les autres, et devenir de plus en plus bourgeois, de moins en moins populaires. Il a vu certains bâtiments être démolis, il a vu d'autres se construire. Il a vu aussi son quartier devenir plus bourgeois et il a vu ses voisins changer, devenir plus vieux, plus riches.

POUR EN SAVOIR PLUS…

La révolution haussmannienne

Avant l'arrivée d'Haussmann, Paris était une ville médiévale avec des rues très étroites, sinueuses, insalubres ; pas d'égouts, peu d'espaces verts…
Entre 1830 et 1850, la population a presque doublé : c'est une ville surpeuplée ; il est urgent d'agir !
Entre 1853 et 1870, c'est-à-dire pendant tout le second Empire, Napoléon III confie à Haussmann, le préfet de la Seine, le soin de faire de Paris une ville moderne, aérée, adaptée aux transports modernes.
Napoléon III est un anglophile convaincu. Pour lui, le modèle de la ville idéale, c'est Londres : de la modernité, de l'espace, des parcs et des jardins…
Paris a toujours été une ville rebelle, prompte à s'échauffer : derrière cette politique urbanistique, il y a donc aussi, bien sûr, la volonté de faciliter le maintien de l'ordre.
On détruit les vieux quartiers populaires qui ont souvent été au cœur des révoltes parisiennes et on crée de larges avenues rectilignes bordées de trottoirs et reliant des lieux stratégiques (les gares, les grands monuments, les centres administratifs…). Sur presque tous les ponts, il y avait des maisons : on les détruit ; de nouveaux ponts sont construits.
Paris s'agrandit : en 1859, sont annexés les villages de la banlieue proche : Auteuil, Montmartre, Passy, Vaugirard et Grenelle ; la ville est ensuite découpée en 20 arrondissements (comme aujourd'hui).
Paris était une ville dont l'hygiène était déplorable : les cimetières sont supprimés à l'intérieur de la ville et repoussés à la périphérie ; on crée tout un réseau d'égouts et on installe l'eau courante dans beaucoup de logements ; pour aérer la ville, sont aménagés ou créés des squares, des jardins et des parcs (les Buttes Chaumont, le parc Monceau, le parc Montsouris).
Tout visiteur qui vient à Paris pour la première fois est frappé par l'homogénéité des immeubles. C'est à Haussmann qu'on le doit : c'est lui qui décide du « visage » qui, aujourd'hui encore, est celui de Paris : immeubles en pierre de taille de cinq étages et mansardes sous les toits, deux balcons (aux 2e et 5e étages).
Quant au mobilier urbain (kiosques, bancs, lampadaires…), c'est Davioud qui en est chargé. Wallace, un Britannique, fait installer les ravissantes fontaines qui portent son nom.

1 ***En quoi la restructuration de Paris a pu faciliter le maintien de l'ordre ?***

2 ***Relisez les données chiffrées page 31. Entre 1831 et 1861, la population de Paris a très fortement augmenté, passant de 785 866 à 1 691 141 habitants. Comment peut-on expliquer cet accroissement ?***

VOCABULAIRE 3

- une ville **médiévale** : qui date du Moyen Âge.
- **sinueux** ≠ droit, rectiligne.
- **insalubre** : malsain.
- **le maintien de l'ordre** (policier).
- **prompt(e)** : rapide.
- **déplorable** : affreux.
- **un réseau d'égouts** : un ensemble de canalisations pour évacuer les eaux usées.
- **une mansarde** : petite chambre sous les toits.

GRAMMAIRE 3

Vous remarquerez que parfois, surtout dans la langue écrite, le verbe précède le sujet. C'est en particulier fréquent quand il s'agit d'un sujet « long » ou de sujets multiples, comme ici.
En 1859 sont annexés <u>les villages de la banlieue proche : Auteuil, Montmartre, Passy, Vaugirard</u>…
Pour aérer la ville sont aménagés ou créés <u>des squares, des jardins et des parcs</u>.

PRODUCTION ÉCRITE

La ville où vous habitez. Décrivez comment était votre ville il y a 150 ans.

Plaisir de Lire...

Voici comment le jeune Jean-Jacques Rousseau, venu à pied de Genève à Paris, décrit ses premières impressions. Il a dix-neuf ans et sa déception est immense. Nous sommes en 1731.

Combien l'abord de Paris démentit l'idée que j'en avais! [...] *Je m'étais figuré une ville aussi belle que grande, de l'aspect le plus imposant, où l'on ne voyait que de superbes rues, des palais de marbre et d'or. En entrant par le faubourg Saint-Marceau, je ne vis que de petites rues sales et puantes, de vilaines maisons noires, l'air de la malpropreté, de la pauvreté...* [...] *Tout cela me frappa d'abord à tel point que tout ce que j'ai vu depuis à Paris de magnificence réelle n'a pu détruire cette première impression...*

Jean-Jacques Rousseau, Les Confessions, *livre IV.*

UNE ÎLE !

■ **Objectifs fonctionnels :** Comprendre un document descriptif (2) – Comprendre l'organisation d'une description (1).

■ **Lexique :** Le paysage, Le travail.

■ **Grammaire :** Les temps de la description – L'organisation spatiale de la description – La concordance des temps – Le style indirect.

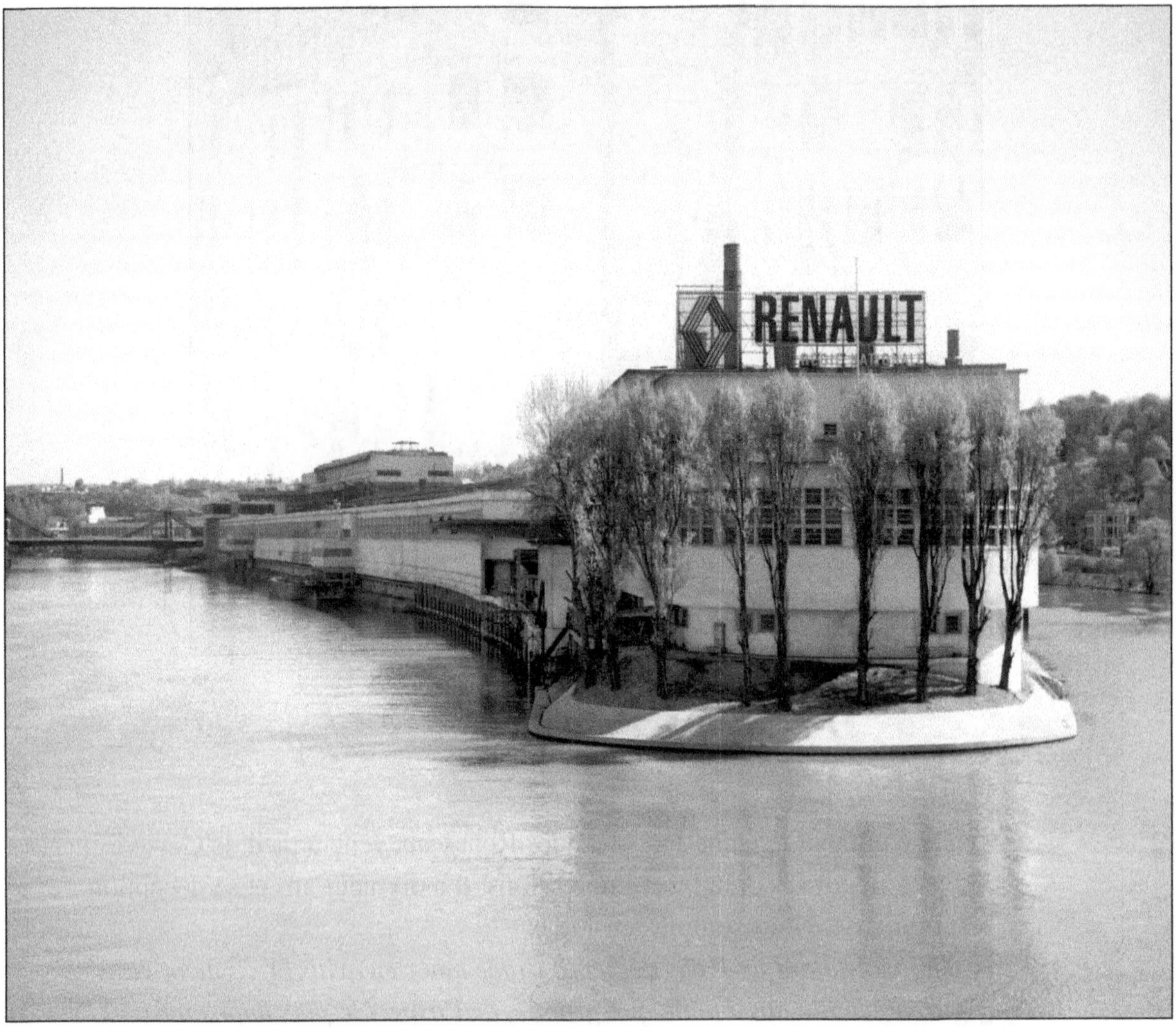

■ ***Décrivez cette photo. Que voyez-vous ?***

VOCABULAIRE 1

- traverser – travailler – ressembler.
- une île, un bateau, un paquebot – une usine, des voitures – un fleuve, la Seine.

DOCUMENT 1

Hier, une île, une usine !

Au milieu de la Seine, entre Boulogne-Billancourt sur la rive droite et Sèvres sur la rive gauche, il y a une île, l'île Seguin, qui dans les années 1920 était encore un îlot* de verdure. Mais en 1928, Louis Renault, constructeur d'automobiles, en a fait le siège de sa nouvelle usine. Inaugurée* en 1929, celle-ci se présentait comme un immense paquebot* d'acier et de béton, long de 1 kilomètre. Elle se dressait sur cinq niveaux et on y rencontrait tous les corps de métier nécessaires à la fabrication des voitures. C'était la plus moderne d'Europe. De cette usine sont sorties des milliers de voitures dont les plus célèbres sont la 4CV (la 4-chevaux) et la R5 (la Renault 5).

* **un îlot** : très petite île, ou petit espace isolé dans un ensemble différent.
* **inaugurer** : ouvrir d'une manière solennelle un nouveau bâtiment au public.
* **un paquebot** : grand bateau qui transporte des passagers.

■ ***Qui est Louis Renault ? Cherchez sur Internet.***

■ ***Quelles ont été les transformations de l'île entre 1920 et 1929 ?***

DOCUMENT 2

Hier, une usine, des hommes et des femmes, des ouvriers, des ouvrières

Dans cette usine sur la Seine travaillaient des hommes et des femmes. Dans les années 1960, l'usine comptait plus de 10 000 salariés, ingénieurs et ouvriers, ouvriers français, ouvriers immigrés venus en grande partie des pays du Maghreb et qui, sur des chaînes de fabrication et de montage, assemblaient, soudaient*, peignaient des pièces qui deviendraient des voitures. Et cette usine, qui représentait le développement industriel, était aussi le cadre des luttes syndicales, des combats ouvriers les plus durs, des revendications* salariales, des grèves...
L'usine de l'île Seguin a cessé toute activité le 27 mars 1992.

* **souder** : réunir des pièces métalliques en les rendant liquides sous l'action de la chaleur.
* **une revendication** : une réclamation, une demande.

■ ***Quels peuvent être les sentiments des vieux ouvriers devant l'usine d'aujourd'hui ?***

GRAMMAIRE 1

- **Attention à la concordance des temps ! Comparez ces deux phrases :**
Les ouvriers assemblent des pièces qui ***deviendront*** *des voitures* (le verbe principal est au présent).
Les ouvriers assemblaient des pièces qui ***deviendraient*** *des voitures* (le verbe principal est au passé).
Le futur de la première phrase devient, dans la deuxième phrase, un futur dans le passé, qui a la forme d'un conditionnel présent.

Aujourd'hui ! Une île et quels projets ?

Aujourd'hui, l'île Seguin se présente comme un bateau qui ne peut plus naviguer, qui ne peut plus voyager sur l'eau. C'est un endroit désert, où se dresse l'ancienne usine Renault ; cette usine était autrefois le centre d'une grande activité, un lieu de vie et de bruit. Aujourd'hui, on n'y rencontre plus un seul ouvrier, on n'y entend plus une seule machine. Il n'y a que le silence et tout autour, les mauvaises herbes. À l'intérieur, le sol est couvert des pierres tombées du toit, les murs sont tagués*, les vitres brisées, les machines rouillées, tout est à l'abandon. Les projets de rénovation sont nombreux mais incertains. Ainsi, quatre architectes sont en compétition pour la construction d'un mur, une « façade-enveloppe » qui remplacera la façade des anciennes usines Renault. Qui gagnera ? Personne ne le sait encore. Et la population de Boulogne-Billancourt continue à s'interroger : combien d'hectares seront réservés aux espaces verts, aux logements sociaux ? Y aura-t-il 12000 ou 13000 habitants sur l'île ? Où installera-t-on tous les bâtiments prévus : les trois crèches, les deux haltes-garderies, les trois groupes scolaires, le collège, les deux gymnases et la cité scientifique ? Est-ce qu'il y aura un théâtre ? Est-ce qu'on va développer les transports en commun ? Et surtout tout le monde se demande si un jour on verra s'élever au bout de l'île le musée voulu par un riche industriel français qui désirait y présenter ses collections de peinture moderne.

* **tagué :** couvert de tags, de grandes signatures stylisées.

VOCABULAIRE 2

- **la rouille** : l'usure du fer en présence de l'air.
- **la rénovation** : la remise à neuf.
- **la crèche** : l'endroit où on reçoit des enfants de moins de 3 ans dont les parents travaillent.
- **une compétition** : un concours, une concurrence.
- **une halte-garderie** : endroit où on peut laisser pour quelques heures de jeunes enfants.

GRAMMAIRE 2

- **Attention à l'interrogation.** Il y a plusieurs façons de poser une question. Comparez.

– **L'interrogation directe :**

*Quelqu'un demande : « **Où va-t-on** construire les trois crèches prévues ? »*

*« **Est-ce qu**'on verra s'élever un musée d'art moderne sur l'île Seguin ? » Personne ne le savait.*

– **L'interrogation indirecte :**

*Quelqu'un **demande où on va** construire les trois crèches prévues.*

*Personne ne **savait si on verrait** s'élever le musée d'art moderne…*

Attention à la concordance des temps quand le verbe principal est au passé.

ACTIVITÉS DE COMPRÉHENSION ÉCRITE SUR LE TEXTE

A – Compréhension globale

1 ***L'usine Renault est encore en activité aujourd'hui.***

❒ vrai ❒ faux

2 ***Comment est l'île aujourd'hui ?***

3 ***Quels sont les projets pour l'île Seguin ?***

4 ***À votre avis, est-ce que les habitants de Boulogne-Billancourt s'intéressent ou non aux projets de rénovation de l'île ? Justifiez votre réponse par des exemples pris dans le texte.***

B – Compréhension détaillée

1 ***À quoi servira la « façade-enveloppe » ?***

2 ***Combien y a-t-il de projets architecturaux en compétition ?***

3 ***Quel sera le nombre d'habitants dans l'île ?***

ACTIVITÉS LINGUISTIQUES

VOCABULAIRE

1 *« Un lieu de vie et de bruit. »* ***Remplacez les deux noms soulignés par des adjectifs formés sur ces noms.***

2 *« Un endroit désert. »* ***Choisissez parmi les mots suivants ceux qui pourraient être ici synonymes de « désert » :*** *chaud – vide – couvert de sable – inhabité.*

3 ***Dans la phrase suivante, remplacez l'expression soulignée par un verbe, en faisant les transformations nécessaires :*** *« Quatre architectes sont en compétition pour la construction d'un mur. »*

4 ***En vous aidant d'un dictionnaire, précisez le sens des mots suivants :*** *salaire – salarié.*

GRAMMAIRE

1 ***Passez de l'interrogation directe à l'interrogation indirecte.***

a) On frappe, tout le monde demande : « Qui est-ce ? » → ....

b) « Avez-vous votre ticket ? » m'a demandé le contrôleur. → ....

c) « Où irons-nous pendant les vacances ? », a demandé Pierre. → ....

d) « Combien d'habitants y a-t-il à Paris ? », a-t-il voulu savoir. → ....

POUR EN SAVOIR PLUS...

L'île des plaisirs ? Un contre-projet !

Un étudiant en architecture et un jeune universitaire ont imaginé de faire de l'île Seguin une île des plaisirs, un lieu où on s'amuserait. Là où des milliers de gens ont travaillé pendant des années, là où ils ont lutté, où ils ont fait la grève, on pratiquerait toutes sortes de disciplines : la danse, le théâtre, l'architecture et l'urbanisme, l'édition, la musique, la photo, la vidéo, le design, le cinéma, les arts martiaux, le sport, la brocante, la gastronomie, le spectacle de rues. L'île serait divisée en quartiers où on trouverait des ateliers, des salles de répétition et de représentation, des galeries d'art, des librairies, des lieux d'accueil. Là les jeunes gens, lycéens, étudiants, chômeurs, apprendraient à transformer leur environnement en participant à des expériences, à des activités.

Mais cet aspect culturel ne ferait pas oublier le plaisir des sens. On y trouverait aussi des bars, des cabarets, des boîtes de nuit, des restaurants de tous les pays ; on y organiserait des concerts, des bals populaires où on danserait au son de l'accordéon.

L'île serait reliée à Paris par des vedettes et des « vaporettos » qui sans cesse remonteraient et descendraient la Seine et chacun pourrait venir y flâner une heure, quelques jours, un mois. On y viendrait d'un quartier proche ou d'un pays lointain, pour boire un verre, écrire un roman, lire sur les berges, écouter de la musique et faire des rencontres de hasard...

VOCABULAIRE 3

- **une discipline** : un domaine, une matière, une branche, une partie des études.
Il enseigne des disciplines scientifiques : la chimie, la physique, les mathématiques.
- **l'urbanisme** : étude des méthodes qui permettent d'adapter la ville aux besoins des hommes.
- **les arts martiaux** : arts de combat traditionnels japonais, chinois, coréens (judo, karaté, taekwondo...).
- **la brocante** : le commerce d'objets anciens et de curiosités qu'on achète d'occasion pour les revendre.
- **flâner** : se promener sans se presser, au hasard. *J'aime flâner sur les boulevards et dans les rues des grandes villes.*
- **une vedette** : (ici) un bateau.

GRAMMAIRE 3

- **Le conditionnel peut être, comme dans le texte ci-dessus, le mode de l'imaginaire, le mode du rêve.**

L'île des plaisirs n'existe pas, elle est rêvée par deux jeunes gens. Elle pourrait devenir une réalité, mais pour le moment elle n'existe que dans l'imagination de deux personnes.
Cette forme de conditionnel est aussi celle que l'on retrouve dans les jeux d'enfants qui transforment la réalité : *Je serais la maman et tu serais le papa...*

PRODUCTION ÉCRITE

1 ***Est-ce que vous choisiriez ou non le contre-projet de l'« île des plaisirs »? Donnez vos raisons.***

2 ***Si vous aviez un espace libre comme l'île Seguin, qu'est-ce que vous aimeriez y trouver, qu'est-ce que vous y installeriez en priorité?***

3 ***Décrivez un lieu que vous aimez (dans votre pays ou ailleurs).***

Plaisir de Lire...

Une île, entre le ciel et l'eau
Une île sans hommes ni bateaux
Inculte, un peu comme une insulte
Sauvage, sans espoir de voyage
Une île, une île, entre le ciel et l'eau.

Une île, *chanson de Serge Lama.*

LEÇON 6

LE VENTRE DE PARIS

■ **OBJECTIFS FONCTIONNELS :** Comprendre un document descriptif (3) – Comprendre l'organisation d'une description (2).

■ **LEXIQUE :** La ville, l'urbanisme.

■ **GRAMMAIRE :** L'imparfait descriptif (2) – L'expression de la spatialisation (2) – Les superlatifs – Les nominalisations.

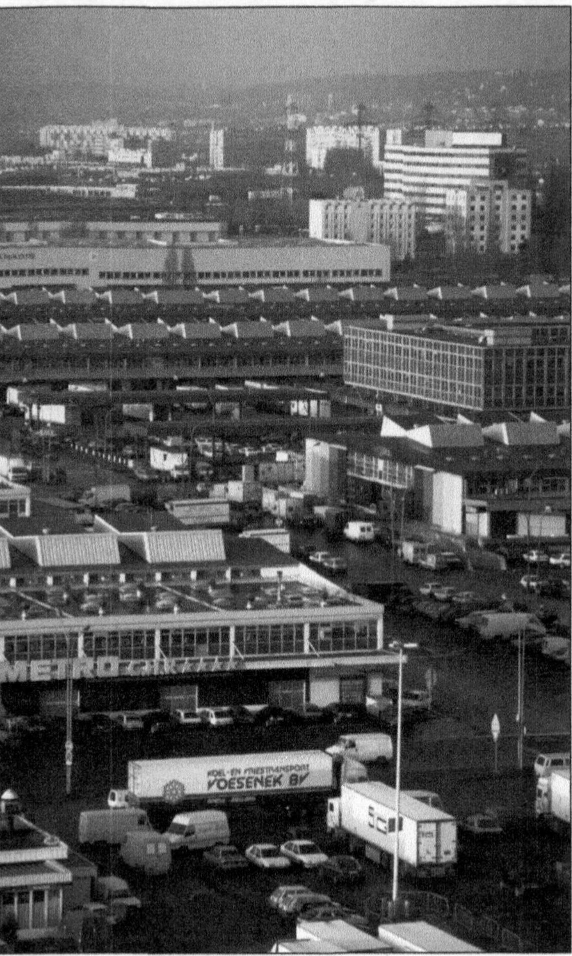

■ ***Décrivez ces deux photos qui représentent toutes deux les Halles, le grand marché parisien, à cent ans d'intervalle.***

VOCABULAIRE 1

- une charrette – une blouse – une vue panoramique – des bâtiments – des rocades (routes qui contournent le centre d'une ville).
- encombrée – moderne – fonctionnel – immense – hygiénique.
- porter – transporter – vendre – marchander – discuter.

DOCUMENT 1

L'histoire des Halles

L'histoire des Halles vient de très loin : c'est en effet en 1137 que le marché est créé.
Il est d'abord ouvert, en plein air. En 1183, on construit les premières halles où les marchands protègent leur marchandise de la pluie et du vent. Elles vont donner leur nom à ce marché : les Halles. Petit à petit, le nombre de halles se multiplie : halle aux poissons, halle aux drapiers, halle aux légumes...
Juste à côté des Halles, il y a un énorme cimetière, le cimetière des Innocents. Au moment de la Révolution, en 1789, on le supprime pour des raisons d'hygiène. Tous les ossements sont transférés dans les Catacombes, dans le sous-sol de Paris. Ils y sont toujours. À la place du cimetière, on installe le marché aux Herbes.
Le temps passe...
À partir de 1847, on décide qu'il faut absolument moderniser ce marché et on choisit Baltard comme architecte. C'est un architecte connu mais assez conservateur : il construit d'abord, en 1851, de lourds bâtiments en pierre, très classiques. C'était vraiment dommage alors que, déjà, on savait bien utiliser le fer et le verre, beaucoup plus légers et plus élégants.
Napoléon III, qui vient d'arriver au pouvoir, et Haussmann ordonnent leur démolition et demandent à Baltard de tout refaire, cette fois en fer et en verre.
Le résultat ? On le connaît, ce sont les célèbres Halles de Paris. Émile Zola les a longuement décrites dans son roman *Le Ventre de Paris*, paru en 1873.
Hélas, elles ont été démolies en 1969, quand on a déplacé le marché du centre de Paris en banlieue, à Rungis. On n'en a sauvé qu'une seule comme souvenir : elle se trouve actuellement à Nogent, tout près de Paris.

■ ***D'après le contexte, pourriez-vous donner une définition du mot** « halle » **?***

■ ***On a dit souvent que le XIXe siècle était, en architecture, le siècle du fer. Qui a-t-on nommé, à cette époque,** « la dame de fer » **?***

■ ***Pourquoi Zola, à votre avis, a-t-il intitulé son roman** Le Ventre de Paris **?***

DOCUMENT 2

Les Halles au cinéma

Parmi les films qui ont les Halles pour cadre, deux sont particulièrement intéressants : *Voici le temps des assassins* (Julien Duvivier, 1955) et *Irma la Douce* (Billy Wilder, 1963)

Voici le temps des assassins est un film très noir qui raconte comment le patron d'un excellent restaurant des Halles, interprété par Jean Gabin, se fait ou se laisse duper* par une jeune fille apparemment très pure. Le décor, très réaliste, évoque parfaitement bien les Halles de cette époque, la vie au jour le jour de ce quartier.

Avec *Irma la Douce*, c'est une vision beaucoup moins réaliste mais charmante que Billy Wilder propose. Irma la Douce, c'est une ravissante prostituée qui travaille dans le quartier des Halles et de qui un brave gendarme français tombe amoureux. Les acteurs sont américains et les décors (le quartier des Halles, le marché, les bistrots...) sont reconstitués en studio, mais cela permet de bien voir comment les réalisateurs américains voyaient Paris il y a quarante ans.

* **Il se fait duper ≠ il se laisse duper :** Dans le premier cas, l'homme n'a aucune prise sur l'événement : c'est une victime ; dans le deuxième cas, il comprend qu'on le trompe et il laisse faire.

■ ***Les restaurants autour des Halles sont très réputés. Pourquoi ?***

■ ***Connaissez-vous d'autres films non français qui ont Paris comme décor ?***

Le nouveau projet des Halles

Les Halles, jadis « ventre de Paris », étaient devenues, dès la fin des années 1970, le cœur d'une métropole de plus de 10 millions d'habitants. En effet, l'inauguration du RER en 1977, l'ouverture du centre commercial sur quatre étages en sous-sol (le Forum des Halles) en 1979, la création d'un énorme parking souterrain, le jardin, tout cela attirait des milliers de visiteurs chaque jour, Parisiens, banlieusards, touristes... Conséquence : certains bâtiments s'étaient dégradés et il était devenu très difficile de circuler, aussi bien à pied à cause des étalages et des terrasses de café qu'en voiture, faute de places de stationnement. Tout le quartier étouffait, beaucoup de riverains se plaignaient du bruit, de la pollution et de l'insécurité, surtout le soir.

Le Conseil de Paris a donc décidé fin 2002 de réaménager tout ce quartier.

Les objectifs prioritaires étaient :

- de mettre en valeur les jardins et de restructurer l'espace public (en surface) ;
- d'améliorer l'accès du public aux différents transports en commun (RER, métro, autobus) ;
- de rendre plus accessibles les équipements publics (piscine, cinémas, auditoriums...) et les commerces ;
- de désenclaver le Forum en l'ouvrant davantage ;
- de réduire le trafic automobile et de faciliter les livraisons.

On a demandé à quatre équipes d'architectes français et étrangers, tous très connus, d'élaborer des projets pour restructurer tout ce quartier. En 2004, les quatre projets ont été exposés au public et les Parisiens sont venus très nombreux, pendant plusieurs mois, pour donner leur avis.

En décembre 2004, le nom du « vainqueur » a été annoncé officiellement : c'est le projet de David Mangin, le plus classique (le moins audacieux, diront certains), qui a été retenu par le maire de Paris.

Les grandes caractéristiques de ce projet :

1) un espace public ouvert à tous, convivial ;
2) des « ramblas » ouvertes pour flâner, acheter ;
3) un grand passage couvert, une promenade, une galerie commerciale, une gare ;
4) une salle d'échange métro-RER plus ouverte, plus spacieuse, plus claire, accessible de partout ;
5) beaucoup de lumière grâce à un immense toit carré qui couvrira le Forum.

Les travaux commenceront début 2007. Ils dureront sans doute quelques années.

VOCABULAIRE 2

- **se dégrader** : s'abîmer.
- **les riverains** : les habitants d'un quartier.
- **désenclaver** : ouvrir vers l'extérieur.
- **spacieux** : large, vaste.

GRAMMAIRE 1

- **Le passage du verbe au nom**

*Le Conseil de Paris a décidé de **restructurer** ce quartier.*
→ *Le Conseil de Paris a décidé **la restructuration** de ce quartier.*

- **L'expression de la cause**

1. cause « neutre » → **en raison de**	*Le trafic est interrompu **en raison d'**une grève.*
2. cause plutôt négative → **à cause de**	*C'est **à cause de** lui que je suis arrivé en retard.*
3. cause positive → **grâce à**	***Grâce à** ses explications, j'ai très bien compris l'exercice.*
4. **faute de** = à cause du manque de	*Il n'a pas pu partir en vacances, **faute d'**argent.*

ACTIVITÉS DE COMPRÉHENSION ÉCRITE SUR LE TEXTE

A – Compréhension globale

1 ***Répondez par vrai ou faux.***

	Vrai	Faux
a) Le projet de David Mangin était le seul projet français.	❒	❒
b) Le projet de David Mangin a été désigné par les Parisiens.	❒	❒
c) Les Parisiens se sont intéressés à la restructuration du quartier des Halles.	❒	❒
d) Quatre architectes ont participé à ce concours.	❒	❒

2 ***Cochez les transformations du quartier après 2007.***

a) plus de lumière ❒
b) moins d'insécurité ❒
c) un espace plus convivial ❒
d) moins de voitures ❒
e) des transports en commun plus accessibles ❒
f) moins de magasins en sous-sol ❒
g) plus d'espaces verts ❒

B – Compréhension détaillée

1 ***Pourquoi est-il difficile de circuler dans le quartier des Halles ?***

2 ***À votre avis, pourquoi y avait-il de l'insécurité dans ce quartier ?***

ACTIVITÉS LINGUISTIQUES

VOCABULAIRE

1 ***Relisez le texte. Vous rencontrez plusieurs fois le mot*** « le public » ***: comment, avec vos propres mots, pourriez-vous le définir ?***

2 ***Quelle nuance faites-vous entre le projet*** « le plus classique » ***et le projet*** « le moins audacieux » ***?***

3 ***Quel sens donnez-vous exactement à*** « sans doute » (« les travaux dureront sans doute quelques années ») ***?***

GRAMMAIRE

1 ***Les nominalisations. Transformez, comme dans l'exemple.***

Exemple : *L'objectif est de restructurer tout le quartier*
→ *L'objectif est la restructuration de tout le quartier.*

a) L'objectif est de mettre en valeur les jardins. → ....

b) L'objectif est d'améliorer l'accès du public aux différents transports en commun. → ....

c) L'objectif est de réduire le trafic automobile. → ....

2 *Faute de / grâce à / à cause de...* ***Quelles prépositions conviennent dans ces cinq phrases ?***

a) Je n'ai pas pu finir ce travail .... temps.

b) Nous n'avons pas pu sortir ce week-end .... la pluie

c) C'est .... mon copain Serge que j'ai pu avoir une place à l'opéra.

d) Il a raté son examen, ... d'avoir travaillé suffisamment.

POUR EN SAVOIR PLUS…

Rungis

Rungis, c'est le plus grand marché de gros du monde : 232 hectares – c'est-à-dire plus grand que Monaco ! – et 20 500 acheteurs réguliers. C'est aussi 15 millions de consommateurs en France. Mais Rungis, c'est plus et mieux que des chiffres. Rungis, c'est un voyage fascinant au pays de l'abondance, de la tradition, des saveurs et des odeurs, bref du « bien vivre ».

Ils ont dit, à propos de Rungis…

1) « Pour moi, c'est la plus belle épicerie du monde. »

2) « Rungis est un énorme bouquet de couleurs et de saveurs. »

3) « Aller à Rungis, c'est descendre au jardin. »

4) « C'est un moment d'inspiration fantastique. »

5) « Rungis est une fenêtre ouverte sur les terroirs. »

6) « Rungis est un lieu à partager. »

7) « Rungis est le palais de la gourmandise. »

8) « Rungis est un océan de saveurs… »

■ ***Parmi ces huit passionnés de Rungis, qui, à votre avis :***

a) dirige un restaurant de poissons et fruits de mer? ……………………………

b) a un magasin de fruits et légumes? ……………………………

c) vend des fleurs? ……………………………

Bienvenue à Rungis, le plus grand marché de produits frais du monde

Bienvenue aux lève-tôt qui aimeraient voir arriver des quatre coins de la France et au-delà les milliers de camions qui apportent poissons, viandes, fromages, légumes, fruits et fleurs. C'est une visite fascinante !

Venez tôt car c'est vers cinq heures du matin que l'activité est à son comble.

Promenez-vous, regardez, humez, goûtez… c'est une fête pour tous les sens.

Et en fin de visite, régalez-vous en bonne compagnie autour d'un fantastique petit déjeuner.

Aux portes de Paris, Rungis, la visite que vous n'oublierez jamais !

■ ***Est-ce que tous les camions qui arrivent à Rungis viennent de France ? Justifiez votre réponse.***

■ ***À votre avis, Rungis est à : > 40 km de Paris ; entre 40 et 70 km ; > 70 km ? Justifiez.***

VOCABULAIRE 3

- **un lève-tôt** : une personne matinale.
- **humer** : sentir (une odeur agréable).
- **les cinq sens** : la vue, l'odorat, le toucher, l'ouïe, le goût. On parle souvent du « sixième sens », l'intuition.
- **se régaler** : faire un bon repas, manger avec plaisir.

GRAMMAIRE 2

- **CAR** apporte une explication à ce qui précède. C'est l'équivalent de « en effet ».
Ce mot ne peut jamais être en tête de phrase.

- **Orthographe : un lève-tôt, des lève-tôt**
Les mots composés du type **verbe + adverbe** (ex. : *un lève-tôt*)
ou **verbe + verbe** (ex. : *des savoir-faire, des laissez-passer*) sont invariables.

PRODUCTION ÉCRITE

1 ***Dans votre ville, où se trouve(nt) le(s) marché(s) ? Dans le centre ou à l'extérieur ? Est-ce que cet emplacement a changé au cours des siècles ?***

2 ***Vous, personnellement, où préférez-vous faire vos courses : au marché ? dans une grande surface (hypermarché, supermarché) ? dans les magasins de votre quartier ? Décrivez vos habitudes et donnez vos raisons.***

....

....

....

3 ***Dans certains pays, les Français ont la réputation d'accorder une grande importance au « bien vivre » (bien manger, bien boire, mais, plus largement, bien profiter des plaisirs de l'existence).***
Dans votre pays, quelle est la réputation des Français dans ce domaine ?
Développez en une dizaine de lignes en donnant des exemples.

....

....

....

Plaisir de Lire...

Une lueur claire, au fond de la rue Rambuteau, annonçait le jour. La grande voix des Halles grondait plus haut ; par instant, des volées de cloches, dans un pavillon éloigné, coupaient cette clameur roulante et montante.
Ils entrèrent sous une des rues couvertes, entre le pavillon de la marée et le pavillon de la volaille.
Florent levait les yeux, regardait la haute voûte dont les boiseries intérieures luisaient entre les dentelles noires des charpentes de fonte.

Émile Zola, Le Ventre de Paris *(1873).*

AUTO ÉVALUATION 2

Maintenant, vous savez...

1 ■ Lire une description

Exercice 1 : *Relevez trois éléments qui apparaissent sur le dessin et qui ne sont pas dans le texte suivant.*

Le long de la Seine, il y a de grandes boîtes posées sur les murs des quais et dans lesquelles on trouve toutes sortes de bouquins, de vieux livres. La nuit, ces boîtes sont fermées, mais le jour, elles sont grandes ouvertes et offrent à tous les passants leurs richesses. Parfois des livres rares, parfois de simples livres d'occasion, des affiches, des photos...

Bonnes réponses : 3 points

2 ■ Repérer les éléments décrits

Exercice 2 : *Description ou narration ? Identifiez dans le texte la description et la narration.*

L'homme était debout devant Notre-Dame. Il était grand, mince et portait un grand chapeau qui cachait son visage. Une cape noire couvrait ses épaules et il tenait à la main une canne. Il était immobile. Derrière lui, la cathédrale dressait ses deux tours vers le ciel gris de Paris. Haute et massive, elle était là depuis des siècles, témoin de tant d'histoires, de tant d'événements, de tant de rencontres... Une femme est arrivée, elle a parlé à l'homme quelques instants et puis elle est repartie. Un ballon a roulé jusqu'aux pieds de l'homme. Et c'est un enfant qui est venu le chercher. Il a ramassé le ballon et a donné un coup de pied dedans, le ballon est reparti rouler vers le petit jardin derrière la cathédrale.

Bonnes réponses : 2 points

3 ■ Retrouver les indications spatiales et temporelles

Exercice 3 : *Relevez dans le texte suivant quatre expressions de lieu et deux expressions de temps.*

La presqu'île du Vert-Galant est un prolongement de l'île de la Cité. Elle s'étend sous le Pont-Neuf, au milieu de la Seine. Quand on se tient à l'extrémité de la presqu'île, on a sur la rive droite le magasin La Samaritaine. Sur la rive gauche se dressent les maisons du quai des Augustins. Le soir, le soleil qui se couche derrière la tour Eiffel fait rougir le fleuve, tandis que le palais de justice et Notre-Dame plongent peu à peu dans l'obscurité. Souvent, au printemps, la presqu'île se retrouve sous les eaux et il ne reste comme trace de sa présence que le sommet des arbres qui commencent à fleurir.

Bonnes réponses : 3 points

4 ■ Comprendre des chiffres

Exercice 6 : *Observez ces deux chiffres : qu'est-ce que vous constatez ?*

En 1954, Paris comptait : 2 850 189 habitants.
En 2003, Paris comptait : 2 154 000 habitants.

Bonne réponse : 1 point

5 ■ Utiliser les expressions spatiotemporelles

Exercice 4 : *Récrivez ce texte en supprimant les éléments qui vous semblent inexacts.*

Sur cette photo, il y a un arbre, une péniche, un pont et des maisons.
L'arbre à gauche / à droite de la photo cache en partie les maisons. La péniche navigue au milieu du fleuve / est amarrée près du quai. Sous / sur le pont qui traverse la Seine, on ne voit aucun bateau. Au loin / tout près, devant l'arbre / derrière l'arbre / devant le pont / derrière le pont, se dressent des maisons anciennes. Sur les maisons / au-dessus des maisons, les ciel est bleu. C'est l'été / c'est l'hiver.

Bonnes réponses : 3 points

6 ■ Organiser une description

Exercice 5 : *Observez la photo qui montre une voiture quittant l'usine Renault sur l'île Seguin et corrigez le texte s'il ne correspond pas à ce que vous voyez sur la photo.*

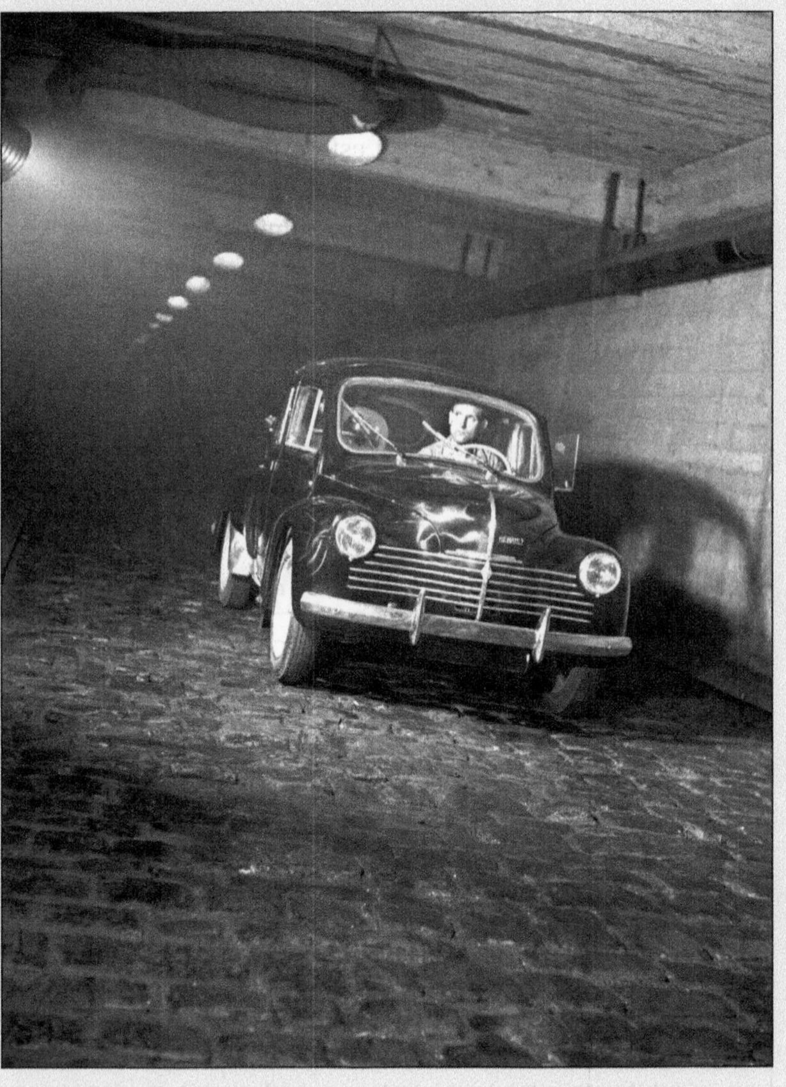

> Il fait jour. Les lampadaires sont éteints. Une voiture moderne, une 4CV, roule dans une rue très large, entre deux rangées d'arbres. C'est une grande voiture, construite pour des gens très riches. Il y a beaucoup d'ouvriers dans cette rue pavée. Il y a d'autres voitures devant et derrière la 4CV.

Bonnes réponses : 4 points

---

7 ■ Comprendre les temps de la description

Exercice 7 : *Mettez les verbes suivants aux temps qui conviennent.*

En 1992, 10 000 ouvriers *(travailler)* .... dans les usines Renault, sur l'île Seguin. Des voitures *(sortir)* .... tous les jours des ateliers. Sur les ponts qui *(relier)* .... l'île à Boulogne ou à Sèvres *(passer)* .... des hommes et des femmes qui *(donner)* .... une partie de leur vie à cette usine. Aujourd'hui, l'île *(être)* ....déserte. On ne *(fabriquer)* .... plus aucune voiture. C'est comme si la vie *(s'arrêter)* ....

Bonnes réponses : 4 points

COMPTEZ VOS POINTS

Vérifiez les bonnes réponses dans le corrigé page 120.
Vous avez plus de 15 points : *Vous avez très bien travaillé. Prêt(e) pour la suite ?*
Vous avez entre 15 et 10 points : *Vous êtes en bonne voie, en très bonne voie !*
Vous avez moins de 10 points : *Retournez aux Unités 1 et 2, et étudiez-les encore une fois. Allez, ne vous découragez pas !*

LE TEXTE EXPLICATIF

Le texte explicatif présente des informations. Il répond à des questions (« qu'est-ce que c'est ? quoi ? pour qui ? à qui ? pourquoi ? comment », qui peuvent être formulées ou non).

Il permet de transmettre objectivement des connaissances.
On le rencontre dans des ouvrages de vulgarisation scientifique, dans des manuels scolaires...

Pour expliquer, il faut :

• **définir**, c'est-à-dire donner le sens de certains mots, le sens des termes techniques ou difficiles

***Une** cité universitaire **est** un ensemble de bâtiments où vivent des étudiants.*

***La** fac **est** un lieu d'enseignement, un lieu de transmission du savoir.*

*Pour pouvoir louer un appartement, vous devez trouver un garant français, **c'est-à-dire quelqu'un qui s'engage à payer à votre place si vous ne pouvez pas le faire.***

• **situer les informations dans le temps**
– à l'aide de compléments circonstanciels *(en 1930, au XIXe siècle)* ou à l'aide de connecteurs chronologiques.

*L'histoire de la Cité universitaire commence **en 1920**, dans le contexte pacifiste de l'après-guerre.*

• **enchaîner les faits les uns aux autres**, souligner les liens logiques (cause, conséquence et oppositions).

Pour cela, on a besoin des connecteurs logiques :
– conjonctions de coordination : *mais, ou, et, donc, or, ni, car ;*
– adverbes : *néanmoins, cependant, pourtant, enfin, en effet, c'est pourquoi ;*
– conjonctions et locutions conjonctives de subordination : *quand, parce que, si bien que, afin que...*

*De 1990 à 1998, le nombre des jeunes étrangers venant étudier en France a baissé. **C'est pourquoi** le gouvernement a créé en 1998 EduFrance, une agence qui a pour mission de présenter notre système éducatif à l'étranger. Cette politique a porté ses fruits ; **en effet**, le nombre des étudiants étrangers a presque doublé.*

• **illustrer l'explication par des exemples**

*Dans toutes les grandes villes, **Paris, Marseille, Lyon, Lille**..., le prix des logements **s'envole**.*

Les temps les plus fréquemment utilisés sont : **le présent** (à valeur de vérité générale) et **l'imparfait**.

PREMIER ACTE : S'INSCRIRE À LA FAC

- **OBJECTIFS FONCTIONNELS :** Comprendre un document explicatif (1).
- **LEXIQUE :** Démarches administratives.
- **GRAMMAIRE :** Le passif – Les formes impersonnelles.

Décrivez l'image en vous aidant du lexique.

Quelles sont les différences avec une sortie d'université dans votre pays.

> *VOCABULAIRE 1*
>
> un étudiant – une université – sortir d'un cours.

DOCUMENT 1

TU ES ÉTUDIANT ÉTRANGER, TU VIENS D'ARRIVER EN FRANCE

AS-TU PENSÉ À T'INSCRIRE À UNE MUTUELLE ÉTUDIANTE?

Sais-tu que la Sécurité sociale ne te rembourse pas à 100 %?
Et si tu tombes malade? Et si tu dois être hospitalisé? Tu y as pensé?
Ça n'arrive pas qu'aux autres!

Une assurance complémentaire santé, c'est indispensable!

Avec nos complémentaires MEF, tu dormiras plus tranquille!
Quatre formules au choix: toutes les quatre prennent en charge à 100 % les soins **indispensables** (médecins généralistes, médicaments, vaccins, analyses, hospitalisations).
Tu choisis ensuite en fonction de tes besoins personnels. Tu peux t'inscrire pour 3, 6 ou 9 mois.

a) Formule « mini »: 7 euros par mois
b) Formule « midi »: 12 euros par mois
c) Formule « super »: 18 euros par mois
d) Formule « super-géant »: 28 euros par mois

Vrai ou faux ? Cochez la bonne case.

a) On doit s'inscrire à une mutuelle étudiante au début de chaque année universitaire. vrai ❒ faux ❒
b) S'inscrire à une mutuelle étudiante est une obligation. vrai ❒ faux ❒

Quel est le ton de ce document? Proposez deux adjectifs pour le définir.

DOCUMENT 2

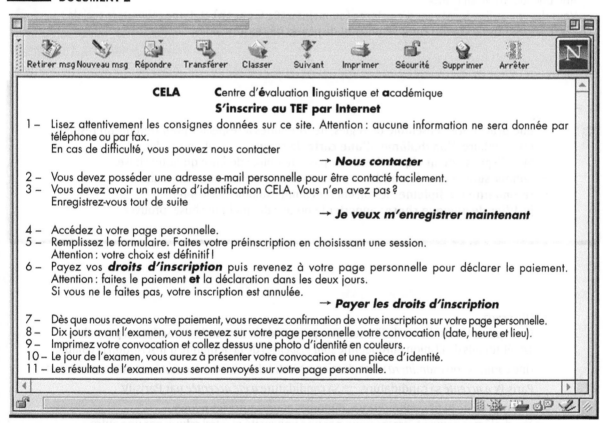

Retirer msg Nouveau msg Répondre Transférer Classer Suivant Imprimer Sécurité Supprimer Arrêter

CELA Centre d'évaluation linguistique et académique

S'inscrire au TEF par Internet

1 – Lisez attentivement les consignes données sur ce site. Attention: aucune information ne sera donnée par téléphone ou par fax.
En cas de difficulté, vous pouvez nous contacter
→ ***Nous contacter***
2 – Vous devez posséder une adresse e-mail personnelle pour être contacté facilement.
3 – Vous devez avoir un numéro d'identification CELA. Vous n'en avez pas?
Enregistrez-vous tout de suite
→ ***Je veux m'enregistrer maintenant***
4 – Accédez à votre page personnelle.
5 – Remplissez le formulaire. Faites votre préinscription en choisissant une session.
Attention: votre choix est définitif!
6 – Payez vos ***droits d'inscription*** puis revenez à votre page personnelle pour déclarer le paiement.
Attention: faites le paiement **et** la déclaration dans les deux jours.
Si vous ne le faites pas, votre inscription est annulée.
→ ***Payer les droits d'inscription***
7 – Dès que nous recevons votre paiement, vous recevez confirmation de votre inscription sur votre page personnelle.
8 – Dix jours avant l'examen, vous recevez sur votre page personnelle votre convocation (date, heure et lieu).
9 – Imprimez votre convocation et collez dessus une photo d'identité en couleurs.
10 – Le jour de l'examen, vous aurez à présenter votre convocation et une pièce d'identité.
11 – Les résultats de l'examen vous seront envoyés sur votre page personnelle.

Cochez les phrases correctes.

a) Si j'ai des problèmes, je peux envoyer un e-mail à l'organisme. ❒
b) Je dois payer au moins deux jours avant l'examen. ❒
c) Ma convocation à l'examen va arriver par Internet. ❒
d) Le jour de l'examen, je dois montrer ma carte d'étudiant. ❒

Venir étudier en France

Les procédures d'inscription

Premier cas : vous voulez commencer des études supérieures dans une université française.
Vous devez faire une demande d'inscription préalable (« formulaire vert » si vous résidez en France, « formulaire blanc » si vous résidez dans votre pays).
Attention : sont dispensés de cette procédure les titulaires d'un baccalauréat français, les étudiants de l'Union européenne, les boursiers du gouvernement français, les réfugiés politiques en règle (titulaires de la carte de l'OFPRA) et les enfants de diplomates en poste en France.
Vous devez passer un examen de français : on va évaluer votre compréhension écrite et orale ainsi que votre expression écrite. Sont dispensés de cet examen les étudiants qui viennent d'un pays francophone, ceux qui ont étudié dans des sections bilingues françaises et ceux qui ont obtenu le DALF (Diplôme approfondi de langue française).

Second cas : vous voulez continuer ou terminer vos études en France.
Vous devez vous adresser directement à l'université de votre choix. Votre dossier sera examiné par une commission pédagogique qui décidera, en fonction de vos études ou diplômes antérieurs et de votre niveau linguistique, de la suite à donner à votre demande. **Attention :** vos diplômes peuvent être reconnus par une université et refusés par une autre.
Chaque université est libre de sa décision.

Les formalités d'entrée et de séjour.
Vous devez avoir, avant de quitter votre pays, demandé aux services consulaires français un visa de long séjour « étudiant ». Ce visa sera exigé pour obtenir votre carte de séjour en France.
Attention : si vous venez avec un simple visa de touriste, vous ne pourrez pas régulariser votre situation une fois arrivé en France.
Vous devez justifier de moyens d'existence (au moins 4 584 € par an) et d'une couverture sociale.
Les ressortissants de l'Union européenne sont dispensés de ces formalités.

VOCABULAIRE 2

- **une procédure** : ensemble de règles, de formalités à respecter pour obtenir un résultat.
- **être titulaire d'un diplôme, d'une carte de séjour...** : avoir, posséder.
- **être dispensé de quelque chose** : ne pas être obligé de faire quelque chose.
- **donner suite à une demande** : répondre positivement à une demande.
- **reconnaître un diplôme** : le considérer comme valable, l'accepter.
- **justifier de quelque chose** : apporter la preuve de quelque chose, prouver.

GRAMMAIRE 1 : LA FORME PASSIVE

- **Observez.**

– *On dispense* les étudiants de l'Union européenne de la demande d'inscription préalable.
→ Les étudiants de l'Union européenne *sont dispensés* de la demande d'inscription préalable.
– Une commission *examinera* votre dossier. → Votre dossier *sera examiné* par une commission.
– Paris-IV *a accepté* sa candidature. → Sa candidature *a été acceptée* par Paris-IV.
– Une université peut *reconnaître* vos diplômes et une autre les *refuser*.
→ Vos diplômes peuvent *être reconnus* par une université et *(être) refusés* par une autre.

- **Formation** : auxiliaire *être* (que l'on conjugue) + *participe passé*. On accorde le sujet et le participe.
- **On utilise le passif pour mettre en valeur un élément.** Par exemple, dans la phrase (b'), le dossier est considéré comme plus important que la commission. C'est le mot « dossier » qui est mis en valeur.

ACTIVITÉS DE COMPRÉHENSION ÉCRITE SUR LE TEXTE

A – Compréhension globale

1 ***Je suis étudiant en deuxième cycle et je ne fais pas partie de l'Union européenne. Je viens en France pour continuer mes études. Il me faut, à mon arrivée... Cochez les bonnes réponses.***

❒ **a)** un passeport ❒ **b)** un logement chez des amis ou des parents ❒ **c)** un visa « étudiant »
❒ **d)** un emploi ❒ **e)** une attestation de ressources ❒ **f)** une couverture sociale (la Sécurité sociale)
❒ **g)** l'inscription à une mutuelle étudiante ❒ **h)** un billet d'avion « retour »

B – Compréhension détaillée

1 ***Parmi les cinq phrases suivantes, deux ne correspondent pas au texte. Lesquelles?***

❒ **a)** Si vous venez faire vos études en France avec un visa « touriste », vous n'aurez pas de problèmes.
❒ **b)** Les universités françaises sont plus ou moins exigeantes en ce qui concerne les diplômes étrangers.
❒ **c)** Un jeune Italien qui vient étudier un an en France n'a pas besoin de prouver qu'il a assez d'argent pour vivre pendant cette année universitaire.
❒ **d)** Les enfants de tous les diplomates sont dispensés de l'inscription préalable.

ACTIVITÉS LINGUISTIQUES

VOCABULAIRE

1 ***Chassez l'intrus!***

a) une inscription – un studio – un formulaire – un dossier – un diplôme – une formalité administrative.
b) des moyens d'existence – une bourse – de l'argent – des revenus – du courage – un compte en banque.

2 ***Cochez le mot qui a le même sens.***

1. *évaluer* les connaissances de quelqu'un	❒ **a)** les contrôler	❒ **b)** les augmenter
2. vos diplômes *antérieurs*	❒ **a)** les plus hauts	❒ **b)** précédents
3. *en fonction de* vos études	❒ **a)** en l'absence de	❒ **b)** selon

GRAMMAIRE

1 ***Mettez ces phrases à la forme active, comme dans l'exemple. Faites attention au temps. Attention aussi à la phrase c.***

Exemple : *Votre dossier sera examiné par une commission → Une commission examinera votre dossier.*

a) Ce dossier a été déposé hier matin par un étudiant égyptien.
b) Les bourses sont accordées par le gouvernement selon des critères sociaux et pédagogiques.
c) Un visa de longue durée (« étudiant ») sera exigé au moment de votre inscription.

2 ***Grammaire et orthographe. Accordez le participe.***

a) La candidature de cet étudiant a été refusé... à Paris-IV mais elle a été accepté... à Paris-V.
b) Est-ce que tous vos diplômes ont été obtenu... dans la même université?
c) Les ressortissants de l'Union européenne ne sont pas obligé... de passer par la préinscription.

POUR EN SAVOIR PLUS...

Évolution du nombre d'étudiants étrangers à l'université selon l'origine géographique (1998-2003)

Origine géographique	1998-1999	1999-2000	2000-2001	2001-2002	2002-2003	2003-2004	Variation en % 1998-2004
Union européenne	26765	27271	26886	26224	26976	28653	+ 7,1
Autres pays d'Europe	10654	11963	13903	15820	18068	20571	+ 93,1
Maghreb	35232	36896	40548	47852	54987	61078	+ 73,3
Autres pays d'Afrique	24095	26083	29585	34161	38604	41688	+ 73
Moyen-orient	7862	8018	8532	9339	10434	11725	+ 49,1
Asie	8320	9280	11537	14299	18479	23109	+ 178
Amérique du Nord	3408	3491	3570	3729	3850	3953	+ 16
Amérique du Sud	3720	4101	4482	5129	5761	6362	+ 71
Antilles/Amérique centrale	1747	2002	2243	2516	2888	3075	+ 76
Pacifique Sud	161	220	221	307	298	359	+ 123
TOTAL	**122190**	**129533**	**141700**	**159562**	**180494**	**200723**	**+ 64,3**

■ ***Vrai ou faux?*** **Vrai Faux**

a) En 2002-2003, plus de la moitié des étudiants étrangers inscrits venaient d'Afrique. ❒ ❒
b) Le pourcentage des étudiants venus de l'Union européenne a progressé régulièrement de 1998 à 2004. ❒ ❒
c) Plus d'un étudiant étranger sur trois vient du Maghreb (Algérie, Maroc, Tunisie). ❒ ❒
d) Le nombre d'étudiants asiatiques a presque triplé en six ans. ❒ ❒

Paris cherche à attirer les étudiants étrangers

De 1990 à 1998, le nombre des jeunes étrangers venant étudier dans les universités ou les grandes écoles françaises a baissé. Pour lutter contre cette désaffection, le gouvernement a créé en 1998 EduFrance, une agence qui a pour mission de « vendre » à l'étranger notre système éducatif. Cette politique a porté ses fruits: le pourcentage des étudiants étrangers par rapport au nombre total des inscrits est passé de 7 % en 1998 à plus de 11 % en 2004, soit environ 250 000 personnes.
Cinq pays (les États-Unis, la Grande-Bretagne, l'Allemagne, l'Australie et la France) se partagent 80 % des étudiants étrangers. Cette concurrence pour former les jeunes des pays émergents n'est pas désintéressée: il s'agit d'attirer et, si possible, de garder les meilleurs d'entre eux pour pallier le déficit de chercheurs, surtout en sciences. La politique d'accueil est donc plutôt de sélectionner ceux qui pourront le mieux servir les intérêts de la France à l'avenir. Certes, la majorité de ces étudiants retourneront dans leur pays après leurs études. Mais ils seront alors comme des ambassadeurs de la France chez eux.

■ ***Résumez en deux phrases l'essentiel de ce texte.***

VOCABULAIRE 3

- **la désaffection**: la perte ou la baisse d'intérêt.
- **la concurrence**: la compétition.
- un pays **émergent**: un pays qui a une croissance économique récente et rapide.
- **le déficit**: le manque, la pénurie.

GRAMMAIRE 3

Attention

- à la préposition: passer **de**... **à**...
- à la forme **il s'agit de** (le sujet est toujours le pronom impersonnel *il*)
- bon → **meilleur** (adjectif);
  bien → **mieux** (adverbe)
- **avoir pour mission, avoir comme mission:** pas d'article devant le nom!

PRODUCTION ÉCRITE

Vous: Vous êtes responsable d'une organisation étudiante, *Étudier sans frontières.* Votre rôle: renseigner et aider les jeunes étrangers qui veulent venir étudier en France.

Votre correspondant: Un jeune étudiant coréen de 19 ans qui veut commencer ses études de cinéma en France. Il désire s'inscrire à Paris III-Sorbonne Nouvelle. Il a étudié le français seulement pendant un an à l'Alliance française de Séoul, où il réside.

Ce qu'il veut savoir: Comment faire? Quelles sont les démarches à suivre?

À vous! En vous aidant des documents des pages précédentes, vous lui écrivez pour lui expliquer avec vos propres mots ce qu'il doit faire.

ÉTUDIER SANS FRONTIÈRES
12, rue des Quatre-Vents
Paris 75012
etudiersf@yahoo.fr

Paris, le 13 février 2006

....

....

....

Plaisir de Lire...

– Toc-toc-toc-toc-toc-toc...
– Vous ne voyez pas que c'est fermé !
– Mais sur la porte, c'est marqué que c'est ouvert jusqu'à 17 h. Et il est 16 h 15.
– Et alors ?
– Alors...
– C'est fermé, F.E.R.M.É. Vous ne voyez pas que c'est fermé ? Vous comprenez le français, oui !?
– Mais c'est ouvert puisque vous avez ouvert.
– Non, c'est fermé.
– Mais...
– Et il n'y a pas de « mais ». C'est comme ça ! C'est marqué « ouvert » mais c'est fermé !

(entendu dans un secrétariat d'université)

DEUXIÈME ACTE : TROUVER UN LOGEMENT

- **OBJECTIFS FONCTIONNELS :** Comprendre un document explicatif (2).
- **LEXIQUE :** Les différents modes de logement.
- **GRAMMAIRE :** La relation cause-conséquence – La condition et l'hypothèse (1) – La mise en relief.

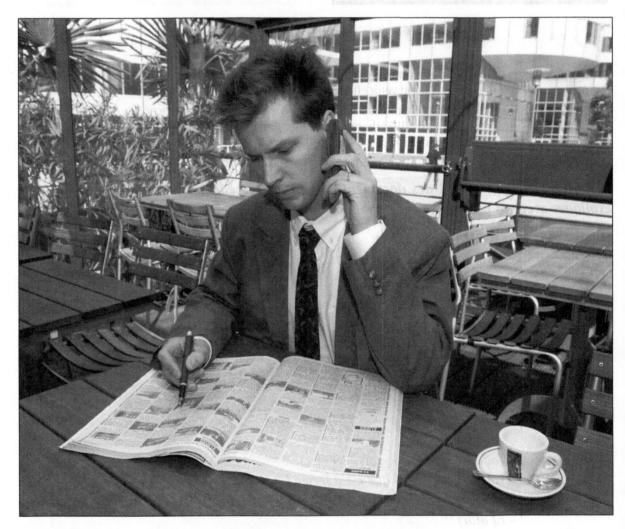

Vous êtes ce jeune homme. Expliquez ce que vous cherchez.

À sa place, comment feriez-vous pour trouver ce que vous cherchez ?

VOCABULAIRE 1

- un journal, une petite annonce – se loger, les difficultés de logement.
- un appartement, un studio, une chambre de bonne – un quartier.
- un loyer, les charges.

DOCUMENT 1

A

LOCA-IMMO
Paris XVᵉ – Superbe studio plein sud, grande cuisine, salle d'eau, WC séparés.
6ᵉ étage asc. Balcon
900 € TTC
Frais d'agence : 900 €.

B

Paris XXᵉ Belleville

Studio 19 m², clair et calme – Pièce principale, cuisinette séparée – Salle d'eau avec WC – 4ᵉ étage ss ascenseur.
450 € + charges.
Agence s'abstenir.

C

ENTRE PARTICULIERS
Banlieue nord (Saint-Ouen) studette, coin cuisine, douche
- WC sur le palier
- 6ᵉ étage
- 400 € charges comprises.

Étudiant 24 ans, sérieux et calme, non fumeur
Cherche studio calme confort, dans Paris
- minimum 15 m² et maximum 500 €.
cedricleguen@noos.fr

URGENT!

Jeune couple cherche gd studio ou deux-pièces à Paris ou proche banlieue.
Préférence RDC ou 1ᵉʳ étage.
S'adresser à jprenard@hotmail.com

Une offre peut correspondre à l'une des demandes. Lesquelles ?

Attention aux pièges ! Il y a deux pièces et deux-pièces !

Devinette : Quelle est la différence entre un *charmant* deux-pièces, un *ravissant* deux-pièces, un *adorable* deux-pièces, un *coquet* deux-pièces… **et** un *beau* deux-pièces, un *vrai* deux-pièces, un *grand* deux-pièces, un *vaste* deux-pièces ?

Il faut savoir traduire ! Développez cette petite annonce immobilière.

À deux pas de Montmartre studio 5ᵉ étage – sud-ouest clair – double vitrage
Quartier animé, tous commerces – À rafraîchir, conf. possible.
Gd potentiel ! Affaire à saisir imméd. LOGECO 01 45 56 84 32

Et maintenant, attention, lisez entre les lignes ! Répondez par vrai, faux ou ? (le texte ne le dit pas).

	Vrai	Faux	?
a) Ce studio est à Montmartre.	❒	❒	❒
b) C'est un quartier très calme.	❒	❒	❒
c) L'appartement est confortable.	❒	❒	❒
d) Il y a un ascenseur.	❒	❒	❒

DOCUMENT 2

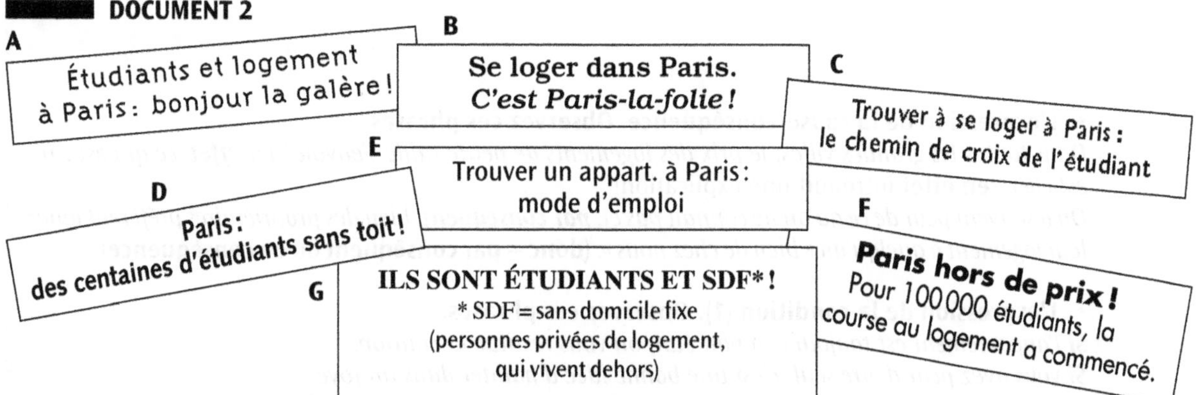

A
Étudiants et logement à Paris : bonjour la galère !
B
Se loger dans Paris. C'est Paris-la-folie !
C
Trouver à se loger à Paris : le chemin de croix de l'étudiant
D
Paris : des centaines d'étudiants sans toit !
E
Trouver un appart. à Paris : mode d'emploi
F
Paris hors de prix ! Pour 100 000 étudiants, la course au logement a commencé.
G
ILS SONT ÉTUDIANTS ET SDF* !
* SDF = sans domicile fixe (personnes privées de logement, qui vivent dehors)

Quel est le point commun de ces titres de journaux ?

Quel est le titre le plus neutre ?

Rentrée étudiante : la course au logement

Il y a plus de 50 000 étudiants étrangers à Paris et, hélas ! trop peu de résidences universitaires. C'est donc sans doute vers d'autres solutions qu'il faudra vous tourner.
Courage, courage, courage ! La difficulté à se loger est particulièrement grande pour les étudiants, surtout quand ils sont étrangers.
Il y a plusieurs raisons à cela.
Tout d'abord, les prix ! Dans toutes les grandes villes, à commencer par Paris, le prix des logements de petite taille (studios, studettes, chambres) s'envole ! En effet, ce qui est rare est cher. Et, dans ce domaine, dans les villes universitaires, la demande excède presque toujours l'offre. À Paris, par exemple, il est presque impossible de trouver un logement correct, c'est-à-dire avec une douche et des toilettes à moins de 500 € par mois.

À ce loyer, il faut ajouter la caution que vous devez payer à votre entrée dans le logement. Elle correspond en général à deux mois de loyer mais elle vous est restituée à votre départ, si l'appartement est toujours en bon état.
Deuxième problème : vous devez trouver un garant français, c'est-à-dire quelqu'un qui s'engage à payer à votre place si vous ne pouvez pas le faire.
D'autre part, les propriétaires se méfient souvent des locataires étudiants. Vont-ils payer leur loyer régulièrement ? Et s'ils déménagent à la cloche de bois* ? Et s'ils abîment mon beau petit logement ? Et s'ils font des fêtes ? Les étudiants, c'est bruyant, ils invitent des copains, ils ont de drôles d'horaires...
Bref, pour toutes ces raisons, les étudiants sont souvent suspects. Le « racisme antijeunes » a toujours existé !

Et enfin, on peut le déplorer, le racisme tout court aussi ! On a souvent peur de ce qu'on ne connaît pas et, par conséquent, bien des propriétaires préfèrent louer leur logement à quelqu'un « bien de chez nous ».
Alors ? Quelles solutions pour ceux qui n'ont pas trouvé de logement individuel ?
Pensez à la colocation : vous avez une chambre pour vous et vous partagez les parties communes (cuisine, salle de bains...). C'est plus économique qu'un studio et c'est une bonne manière de rompre l'isolement.
Ou bien pourquoi ne pas habiter dans un foyer ? Si vous avez peur d'arriver dans une ville où vous ne connaissez personne, si vous aimez partager et si vous acceptez certaines contraintes liées à la vie en communauté, c'est une bonne idée. Certains foyers sont très agréables !

* *déménager à la cloche de bois* : déménager, partir de son logement sans payer.

VOCABULAIRE 2

- La demande **excède** (= dépasse) l'offre.
- **un studio**, **une studette** (= mini studio), une chambre – un locataire, un propriétaire.
- **payer un loyer** – **verser une caution** (une somme qui sert de garantie).
- **un garant**, **se porter garant pour** quelqu'un.

GRAMMAIRE 1

- **L'expression de la cause/conséquence. Observez ces phrases.**

*Dans toutes les grandes villes, le prix des logements de petite taille s'envole ! **En effet**, ce qui est rare est cher.* (**en effet** introduit une explication)
*On a souvent peur de ce qu'on ne connaît pas et, **par conséquent**, bien des propriétaires préfèrent louer leur logement à quelqu'un « bien de chez nous ».* (**donc** = **par conséquent** ou **en conséquence**)

- **L'expression de la condition (1). Observez ces phrases.**

***Si** l'appartement est toujours en bon état, on vous restitue la caution.*
***Si** vous avez peur d'être seul, c'est une bonne idée d'habiter dans un foyer.*

ACTIVITÉS DE COMPRÉHENSION ÉCRITE SUR LE TEXTE

A – Compréhension globale

1 ***Pour un étudiant étranger, il est difficile de trouver à se loger à Paris. Quelles sont les quatre causes énoncées dans le texte ? Utilisez vos propres mots.***

2 *« Vont-ils payer leur loyer régulièrement ? Et s'ils déménagent à la cloche de bois* ? Et s'ils abîment mon beau petit logement ? Et s'ils font des fêtes ? Les étudiants, c'est bruyant, ils invitent des copains, ils ont de drôles d'horaires... »*

Qui parle ? Est-ce que c'est le point de vue de l'auteur ? Justifiez votre réponse.

B – Compréhension détaillée

1 *« La difficulté à se loger est particulièrement grande pour les étudiants, surtout quand ils sont étrangers ».* ***Quel paragraphe dans le texte développe ce point ?***

2 ***Le « racisme anti-jeunes » : à votre avis, pourquoi cette expression est-elle mise entre guillemets ?***

ACTIVITÉS LINGUISTIQUES

VOCABULAIRE

1 ***Aidez-vous du contexte. Comment expliquez-vous le sens de :*** **« la caution vous est restituée à votre départ ».**

2 ***Classez ces mots en deux « familles » :*** déplorer – les pleurs – explorer – implorer – explorateur – pleurnicher – exploration – pleurer.

3 ***Chassez l'intrus !***

loyer – loyal – location – locataire – louer – logement – locatif

GRAMMAIRE

1 ***Relation cause/conséquence. Complétez avec*** *en effet* ***ou avec*** *par conséquent.*

a) Rechercher un logement est particulièrement difficile pour les étudiants étrangers. ...., ils connaissent moins bien que leurs camarades français les petits « trucs » pour éviter les pièges.

b) Il a choisi d'habiter dans un foyer. ...., il avait peur de la solitude et il se sentait perdu dans cette ville inconnue.

c) Je vous rends votre studio en parfait état. ...., vous devez me rendre ma caution.

2 ***La condition et l'hypothèse :*** *« Si + présent ».* ***Reliez.***

1. Si vous aimez bricoler,	**a)** tu peux habiter dans un foyer.
2. Si tu aimes vivre en communauté,	**b)** vous pouvez éviter les pièges.
3. Si votre appartement est trop grand ou trop cher,	**c)** ce studio « à rafraîchir » est parfait pour vous.
4. Si vous savez bien lire les petites annonces,	**d)** vous pouvez le partager avec quelqu'un.

POUR EN SAVOIR PLUS...

■ ***Lisez ces deux textes une fois et répondez aux deux questions qui suivent.***

La Cité internationale universitaire de Paris

Un peu d'histoire

L'histoire de la Cité universitaire de Paris commence en 1920, dans le contexte pacifiste de l'après-guerre. Un grand industriel français, E. Deutsch de la Meurthe, souhaite favoriser les échanges entre étudiants venus du monde entier. Ce qu'il désire, c'est que plus jamais une abomination comme la guerre de 1914-1918 ne soit possible. Il pense qu'en apprenant à se connaître, les jeunes s'engageront pour maintenir la paix entre les peuples. Deutsch de la Meurthe prend contact avec le ministre de l'Éducation de l'époque, A. Honorat ; il le persuade de soutenir ce projet et tous deux parcourent le monde pour chercher des fonds et réaliser leur rêve d'un espace solidaire, tolérant, humaniste... Et le miracle a lieu : en octobre 1925, les premiers étudiants arrivent à la Cité internationale universitaire de Paris.

La Cité en chiffres

La Cité, c'est 34 hectares de bois dans Paris. C'est 37 maisons et plus de 5000 occupants de 130 nationalités différentes. Un tiers des résidents sont français.
C'est aussi des restaurants universitaires, des théâtres, des cinémas, des équipements sportifs...
Mais ce qui est le plus important, c'est l'esprit d'ouverture qui y règne. Les multiples activités sociales, culturelles et sportives proposées favorisent des échanges constants entre les étudiants.

Pour avoir une chambre à la Cité internationale

Vous êtes étudiant

Vous devez avoir moins de trente ans, avoir un niveau de deuxième cycle et être régulièrement inscrit dans une université ou dans une grande école de l'une des trois académies de la région parisienne (Paris, Créteil, Versailles). Vous pouvez rester à la Cité trois ans au maximum.

Vous êtes stagiaire ou enseignant-chercheur

Si vous êtes stagiaire, vous devez avoir travaillé pendant au moins deux ans ; votre stage à Paris doit se dérouler dans une université ou une grande école et durer au moins trois mois.
Si vous êtes enseignant-chercheur, vous devez être officiellement invité par une université ou une grande école. Vous pouvez rester à la Cité deux ans au maximum.

Vous êtes postdoctorant

Vous avez déjà obtenu un doctorat et votre projet de postdoctorat a été accepté par une université ou une grande école. Votre séjour doit durer au moins trois mois et au plus deux ans.

■ ***Pensez-vous que le projet de Deutsch de la Meurthe était une utopie ?***

■ ***À votre avis, pourquoi les étudiants de premier cycle ne peuvent-ils pas habiter à la Cité internationale universitaire de Paris ?***

VOCABULAIRE 3

- **une cité universitaire, une résidence universitaire, un restaurant universitaire**.
- **favoriser les échanges universitaires** – **soutenir** un projet – chercher **des fonds** (= un financement, de l'argent).
- **Le cursus universitaire** est divisé en trois cycles.
- La France scolaire et universitaire est divisée en **académies**. Pour Paris et sa banlieue, il y a trois académies (Paris, Créteil et Versailles).

PRODUCTION ÉCRITE

1 ***Dans votre pays, comment, en général, sont logés les étudiants?*** *(8 lignes maximum)*

2 ***Vous êtes propriétaire d'un petit studio à Paris. Voilà trois candidats locataires : vous en choisissez un et vous donnez les raisons de votre choix.***

A. Marina, russe – 24 ans – en 4e année de musique – célibataire – goûts: musique (piano, flûte traversière, chant); danse classique – caractère: très gaie, ouverte, sociable, aime s'amuser, ordonnée – Non fumeuse.

B. Christian, français – 19 ans – en 1re année de droit – célibataire – goûts: musique (hard rock), cinéma – caractère: sympa, aime la nuit, les amis, les sorties entre copains – Fumeur.

C. Henriette, canadienne – 29 ans – en doctorat de littérature française – célibataire – goûts: lecture, cuisine – caractère: solitaire, sérieuse, calme – Non fumeuse – Deux chats.

Plaisir de Lire...

Voici comment Balzac dépeint les conditions de logement des étudiants pauvres en 1819.

Les deux autres chambres étaient destinées aux oiseaux de passage, à ces infortunés étudiants qui ne pouvaient mettre que quarante-cinq francs par mois à leur nourriture et à leur logement ; mais madame Vauquer souhaitait peu leur présence et ne les prenait que quand elle ne trouvait pas mieux : ils mangeaient trop de pain. En ce moment, l'une de ces deux chambres appartenait à un jeune homme venu des environs d'Angoulême à Paris pour y faire son Droit et dont la nombreuse famille se soumettait aux plus dures privations afin de lui envoyer douze cents francs par an. Eugène de Rastignac, ainsi se nommait-il, ...

Honoré de Balzac, Le père Goriot (1834).

TROISIÈME ACTE : SE DÉBROUILLER À LA FAC

- **OBJECTIFS FONCTIONNELS :** Comprendre un document explicatif (3).
- **LEXIQUE :** Les cours – Les locaux universitaires.
- **GRAMMAIRE :** Imparfait/passé composé/plus-que-parfait.

Décrivez l'image en vous aidant du lexique.

VOCABULAIRE 1

- un couloir – des panneaux, des affiches – un secrétariat, un(e) secrétaire.
- un horaire, un emploi du temps – une salle.

DOCUMENT 1

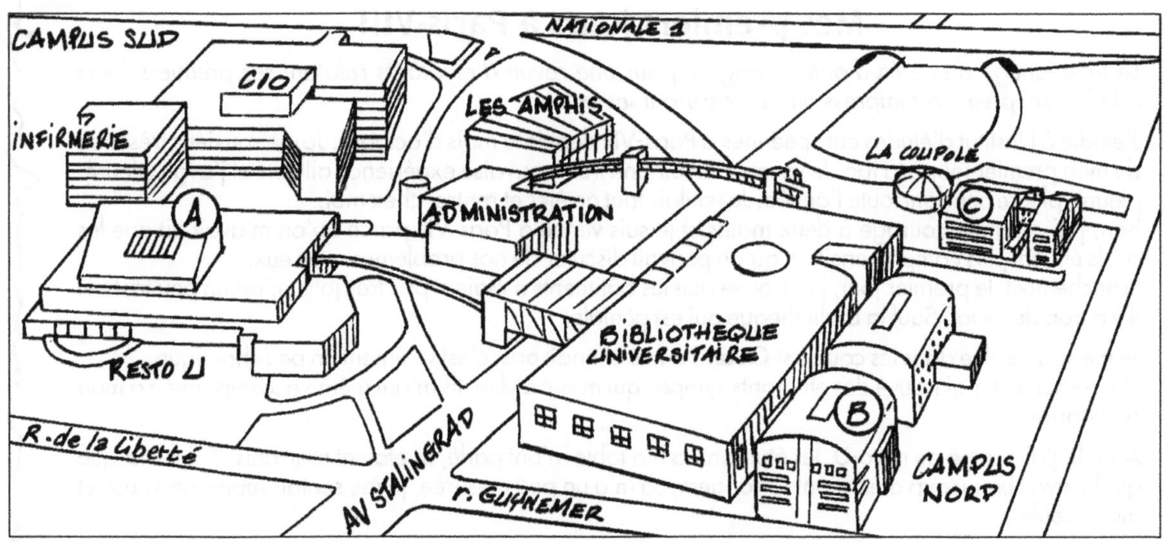

- ***Vous avez trois cours salles A 211, B 314 et A 429. Situez-les sur le plan.***
- ***Vous êtes malade. Où est l'infirmerie ? Situez-la.***

DOCUMENT 2

Emploi du temps de Valère H., 18 ans, en 1re année d'histoire – PREMIER SEMESTRE (octobre-janvier)

HEURES	LUNDI	MARDI	MERCREDI	JEUDI	VENDREDI
8 h - 9 h			Statistiques		
9 h - 10 h	Histoire moderne				
10 h - 11 h	(amphi)	Informatique		Histoire	
11 h - 12 h				contemporaine	
12 h - 13 h				(T.D.)	
13 h - 14 h		Histoire contemporaine (amphi)			
14 h - 15 h	Géographie				Anglais
15 h - 16 h	(amphi)	Sociologie			
16 h - 17 h					
17 h - 18 h	Géographie		Histoire moderne		
18 h - 19 h	(T.D.)				
19 h - 20 h			(T.D.)		

- ***Combien a-t-il d'heures de cours par semaine ?***
- ***L'emploi du temps est-il bien équilibré ? Précisez votre réponse.***
- *On propose à Valère un travail de baby-sitter. Deux fois par semaine, il doit aller chercher une petite fille à l'école à 16 h 30, la faire goûter et rester avec elle jusqu'au retour de ses parents, vers 20 heures. L'école de la petite fille est à 20 minutes en métro de son université.* ***Quels jours peut-il y aller ?***

Mes premiers jours à Paris-VIII

Le témoignage d'une étudiante étrangère pour une revue d'étudiants relatant ses premiers jours à la fac, ses premières impressions. Et rassurant ses lecteurs.

J'étudie à l'Institut d'études européennes à Paris-VIII depuis le mois d'octobre. Je me souviens très bien de mon premier jour à la fac. Je venais d'avoir une très mauvaise expérience ailleurs et j'avais pleuré, pleuré, pleuré pendant toute l'année. Je voulais tout arrêter et rentrer chez moi.
Bon, j'ai pris mon courage à deux mains et je suis venue à Paris-VIII parce qu'on m'avait dit que les profs étaient plus compréhensifs et qu'on pouvait discuter de nos problèmes avec eux.
Franchement, le premier jour, j'ai trouvé que les bâtiments n'étaient pas très jolis : c'est un peu triste et il y a trop de métal. Sauf la bibliothèque qui est géniale.

Je me suis perdue dans les couloirs. Quand on ne connaît pas, c'est vraiment un peu chaotique. Heureusement, j'ai trouvé des étudiants sympas qui m'ont aidée. Ils m'ont même accompagnée à mon secrétariat.

À midi, j'ai mangé au resto-U, les étudiants à ma table m'ont parlé, ils étaient marrants. J'ai remarqué qu'il y avait beaucoup d'étudiants étrangers, ça m'a un peu rassurée, je me sentais moins nerveuse et moins seule.

L'après-midi, j'ai eu mon premier cours. J'ai presque tout compris et ça m'a donné confiance.
J'ai décidé d'aller vers les autres étudiants parce que je me suis dit que c'était à moi d'aller vers les autres. Maintenant, j'ai deux très bonnes amies et beaucoup de copains et de copines…
J'ai demandé des conseils aux professeurs pour apprendre les méthodes de travail françaises. Depuis octobre, j'ai beaucoup travaillé, à la bibliothèque et chez moi, et maintenant, ça va. Je me sens bien.

Adriana K., 23 ans

VOCABULAIRE 2

- **ailleurs :** dans une autre université.
- **prendre son courage à deux mains :** rassembler tout son courage.
- **Ils sont compréhensifs :** ils comprennent les autres.
- **chaotique** (on prononce [kaotik]) : sans ordre, compliqué.
- **le resto-U :** le restaurant universitaire.
- **marrant** *(familier)* : amusant, drôle.
- **Attention :** notez la différence entre « deux très bonnes amies » et « beaucoup de copines ».

GRAMMAIRE 1

- **Imparfait, passé composé et plus-que-parfait**

Je suis venue *à Paris-VIII parce qu'****on m'avait dit*** *que les profs étaient plus compréhensifs.*
J'avais pleuré *toute l'année et* ***je voulais*** *rentrer chez moi.*
Le plus-que-parfait exprime un fait ou un état antérieur à un autre temps du passé.

- **Notez la répétition de QUE dans la phrase.**

Je suis venue à Paris-VIII parce ***qu'****on m'avait dit que les profs étaient plus compréhensifs et* ***qu'****on pouvait discuter de nos problèmes avec eux.*

- **Attention à la structure :**

C'EST À MOI DE + infinitif, qui exprime une obligation.

ACTIVITÉS DE COMPRÉHENSION ÉCRITE SUR LE TEXTE

A – Compréhension globale

1 ***Répondez oralement ou par écrit en une phrase.***

a) À votre avis, pourquoi Adriana a eu une mauvaise expérience l'année précédente?
b) Quelle a été sa première impression en arrivant?
c) Qu'est-ce qui lui a donné plus de confiance en elle?

B – Compréhension détaillée

1 *« J'avais pleuré, pleuré, pleuré... ».* ***Par quel adverbe pourrait-on remplacer cette répétition?***

2 ***Dans la phrase*** *« Je voulais tout arrêter ».* ***Qu'est-ce qu'elle veut dire par « tout », à votre avis?***

3 *« Ça m'a un peu rassurée... ».* ***Qu'est-ce qui l'a rassurée, exactement?***

ACTIVITÉS LINGUISTIQUES

VOCABULAIRE

1 ***Donner le synonyme de*** *« rentrer ». (l. 5)*

2 ***Cherchez dans le dictionnaire la différence entre*** *« compréhensif »* ***et*** *« compréhensible ».*

3 ***Quelle différence de sens faites-vous entre*** *« parler d'un problème »* ***et*** *« discuter d'un problème »?*

GRAMMAIRE

1 ***Mettez en ordre les six phrases de ce paragraphe.***

a) Et elle a donc changé tous ses plans.
b) En 2003 Karen avait fait toutes les démarches pour s'inscrire à Toulouse.
c) Mais en juillet 2004, elle a rencontré Loïc, un irrésistible Breton.
d) En octobre, elle s'est inscrite à Rennes-II.
e) C'était normal, puisque ses parents vivent dans le Sud-Ouest.
f) Elle ne le regrette pas: elle adore et Loïc et Rennes!

2 ***Révision de l'impératif. Transformez ces phrases à l'impératif, comme dans l'exemple. Vérifiez l'orthographe dans votre grammaire. Attention à la dernière phrase!***

Exemple: *Il faut que tu t'inscrives à une mutuelle.* → ***Inscris-toi*** *à une mutuelle.*

a) Tu dois prendre ton courage à deux mains. → ....

b) C'est à toi d'aller vers les autres. → ....

c) Il faudrait que tu écoutes les conseils de ton copain. → ....

d) À toi de te décider! → ....

e) Moi, à ta place, je continuerais mes études en France. → ....

f) Tu ne dois pas te décourager. → ....

POUR EN SAVOIR PLUS...

Vie culturelle à l'université

L'A.C.E. (Association culturelle étudiante) vous propose tout au long de l'année :
- des billets à prix réduits dans les théâtres, les cinémas, les salles de concert ;
- des réductions pour les expositions temporaires ; des cartes annuelles (« Cartes Jeunes » « Pass 18-25 ») pour les musées ;
- des prix très avantageux pour faire développer vos photos ;
- régulièrement, des invitations gratuites pour des avant-premières au théâtre, au cinéma ou au concert.

■ ***Parmi les propositions de l'A.C.E., laquelle vous intéresse le plus ? Expliquez pourquoi.***

■ ***Dans votre pays, les étudiants ont-ils droit à des tarifs spéciaux (transports, loisirs...) ? Développez.***

Sportivement vôtre...
Rejoignez l'Association sportive

Tu aimes le foot ? Tu rêves de sauter en parachute ? Ta passion, c'est la glisse ?
Stressé ? Tu as pensé au yoga ? Une randonnée dans le Jura, ça te dit ? Le golf à petit prix, c'est ici !
Prends ta raquette de tennis et viens ! Des balades à bicyclette, ça t'intéresse ?
Et la danse ? Et la gym ? Et la natation ? La boxe, ça te branche ?
À l'Association sportive, tu trouveras plus de 40 activités différentes.

IL Y EN A POUR TOUS LES GOÛTS !

Carte A.S. = 15 € pour l'année

■ **Reliez :**

1. le foot	**a)** des gants
2. le tennis	**b)** une raquette
3. la boxe	**c)** un club
4. le golf	**d)** un ballon

VOCABULAIRE 3

- **Ça t'intéresse = Ça te dit = Ça te branche** *(familier)*

GRAMMAIRE 2

- **Les pronoms indirects EN et Y**

*Tu rêves de sauter en parachute ? – Oui, j'**en** rêve !* (rêver de quelque chose)
Tu as pensé au yoga ? – Oui, j'y ai pensé. (penser à quelque chose)

PRODUCTION ÉCRITE

1 ***Vous vous souvenez de votre premier jour dans votre cours de français? Quels ont été vos pensées, vos sentiments (plaisir, crainte, déception...)?***
Rédigez un texte de cinq à six lignes sur ce thème.

2 ***Quels sont les sports que vous aimez et/ou que vous pratiquez?***

3 ***Dans votre pays, qui sont les étudiants étrangers? Est-ce qu'il y a des actions pour les aider à s'intégrer (cours de langue, tutorat, aide des professeurs, stages préuniversitaires, etc.)?***

4 ***Enquête***
Connaissez-vous des étudiants français ou francophones qui étudient dans votre pays?
Essayez de prendre contact avec un(e) étudiant(e) français(e) ou francophone qui étudie dans votre pays.
Par groupes de deux ou trois, rédigez quatre ou cinq questions que vous irez ensuite leur poser concernant:

- les raisons de leur venue dans votre pays;
- les principales difficultés qu'il ou elle a rencontrées en arrivant;
- les stratégies qu'il ou elle a utilisées pour mieux s'adapter à un contexte différent;
- les relations avec les étudiants de votre pays, avec les personnes de leur immeuble, de leur quartier...

Ne soyez pas timide: les Français qui vivent chez vous seront très heureux de vous faire part de leur expérience et ravis de pouvoir parler en français avec vous!

Plaisir de Lire...

Simone de Beauvoir a été reçue au baccalauréat. À l'automne, elle va commencer ses études supérieures à la Sorbonne. Elle évoque son excitation et sa joie juste avant la rentrée universitaire.

Couchée sur les feuilles mortes, le regard étourdi par les couleurs passionnées des vignobles, je ressassais les mots austères: licence, agrégation...
Et toutes les barrières, tous les murs s'envolaient.
J'avançais, à ciel ouvert, à travers la vérité du monde.

Simone de Beauvoir, Mémoires d'une jeune fille rangée,
Paris, Gallimard, (1958).

AUTO ÉVALUATION 3

Maintenant, vous savez...

1 ■ Comprendre globalement un document informatif

Exercice 1 : *Lisez ce texte puis répondez aux trois questions qui suivent en cochant la ou les bonne(s) réponse(s).*

Ça y est, à vous la liberté ! Enfin, vous allez avoir votre appart ! À vous les copains toute la nuit et les repas spaghetti-sandwichs et le droit au désordre. Bonheur !
Oui, mais attention, la liberté a un prix... élevé ! D'abord le loyer, bien sûr. Et vous savez que ça n'est pas donné ! Le loyer plus les charges plus la caution plus l'assurance « responsabilité civile et multirisque habitation »... Cela fait beaucoup si l'on considère que la caution, par exemple, correspond au moins à deux fois le loyer, charges non comprises. C'est vrai que vous la récupérerez, cette caution, au moment de votre départ, à condition toutefois que vous laissiez l'appartement « nickel » !
Et n'oubliez pas que le propriétaire voudra des justificatifs de ressources. Comme vous êtes étudiant, donc non solvable, vous n'en avez pas ; vous devrez demander la caution d'un tiers (papa ou maman, sans doute) qui garantira le paiement du loyer.

a) Le texte a pour objectif d'encourager les jeunes à prendre leur liberté. **Vrai ❒ Faux ❒**
b) En général, les étudiants ne peuvent pas avoir de justificatifs de ressources. **Vrai ❒ Faux ❒**
c) Caution veut dire...
❒ de l'argent comme garantie
❒ une promesse écrite de tout laisser propre
❒ une garantie
❒ une autorisation

Bonnes réponses : 3 points

2 ■ Repérer les informations essentielles dans un texte

Exercice 2 : *Quelle est l'information essentielle dans ce texte ? Résumez-la en une courte phrase.*

Samantha est venue aux « jeudis de la colocation » organisés par le célèbre site Colocation.fr.
Elle habite dans un trois-pièces depuis un an et demi. Elle a choisi la colocation parce que, venant de province (elle est strasbourgeoise), elle craignait de se sentir seule, surtout le soir. Et puis, cela permet aussi de se loger confortablement à moindres frais puisque le loyer est partagé.
Elle partage son appartement avec deux autres filles, une Colombienne et une Française.
Alors, pourquoi se trouve-t-elle ici ce soir ?
« J'ai joué de malheur, explique-t-elle. Maria-Luz est tombée amoureuse et elle va vivre chez son copain. Et Gaëlle part à Dublin dans le cadre des échanges Erasmus. Elle s'en va à la fin du mois.
Dommage, on s'entendait bien toutes les trois. Total, je me retrouve en carafe ! Je cherche donc deux autres colocs, et ça urge ! »

Bonnes réponses : 3 points

3 ■ Repérer une information spécifique dans un texte

Exercice 3 : *Lisez attentivement une seule fois le texte et cochez la phrase exacte.*

On recense actuellement en France un peu plus de 40 000 élèves non francophones primo-arrivants. On peut noter que leur nombre s'est accru depuis quelques années.

Les plus jeunes (6 à 11 ans) sont accueillis dans des CLIN (classes d'initiation), les plus âgés dans des CLAD (classes d'adaptation), où tous reçoivent un soutien en langue française.

Pour inscrire leurs enfants à l'école, les parents (avec ou sans titre de séjour) doivent s'adresser au maire pour l'école ou au rectorat pour le collège. Une simple vérification de domicile est effectuée pour être sûr que les enfants sont bien scolarisés près de leur lieu d'habitation. Pour éviter que ne se constituent des ghettos, une même nationalité ne peut dépasser 40 % des effectifs.

Et les enseignants ? Ce sont des instituteurs « normaux » qui se sont portés volontaires et qui aimeraient bien que leur soit donnée une formation en didactique du français langue étrangère et seconde (FLES) et en civilisation.

a) Il y a un peu moins d'enfants non francophones dans les écoles françaises. ❐
b) Tous les parents étrangers ont le droit d'inscrire leurs enfants à l'école. ❐
c) Les instituteurs qui enseignent aux enfants étrangers ont tous un diplôme de didactique du FLES. ❐
d) Dans toutes les classes des écoles élémentaires, il y a au moins 60 % d'élèves français. ❐

Bonnes réponses : 3 points

4 ■ Repérer et utiliser les termes qui structurent un texte

Exercice 4 : *Placez dans ce texte les mots ou expressions suivants : ensuite – bien entendu – d'abord – même si – également – en effet.*

Votre enfant a presque trois ans et vous voulez l'inscrire à l'école maternelle à la rentrée prochaine.
Voici quelques conseils qui devraient vous aider.
..., vous devez vous rendre au bureau des écoles, à la mairie, où l'on vous indiquera l'école où sera affecté votre enfant. ... n'oubliez pas votre livret de famille et une pièce d'identité.
Vous avez besoin ... d'une attestation de domicile. L'employé(e) de la mairie vérifiera tous ces documents et vous donnera un certificat d'inscription.
..., vous devez vous présenter à l'école où le directeur (ou la directrice) enregistrera votre inscription.
Attention : ... vous avez le certificat de la mairie, l'inscription définitive de votre enfant n'est pas automatique. ..., cela dépend des places disponibles. Ne vous inquiétez pas : votre enfant sera inscrit dans une école toute proche.

Bonnes réponses : 3 points

5 ■ Repérer la chronologie dans un texte

Exercice 5 : *Reprendre dans l'ordre chronologique en utilisant des noms, comme dans l'exemple.*

Exemple : ***1859**: naissance de Jean Jaurès à Castres.*

Nous sommes en 1924. Les cendres de Jean Jaurès, assassiné dix ans plus tôt en plein Paris, sont solennellement transférées au Panthéon. Ce jour-là, c'est l'un des plus grands hommes politiques français que l'on honore.

Jaurès naît à Castres, dans le Sud-Ouest, en 1859. Il enseigne quelques années la philosophie et, très vite, se lance dans la politique. Il entre à l'Assemblée nationale à vingt-six ans. C'est le plus jeune député de France.

Toute sa vie, il se battra aux côtés des travailleurs, comme par exemple en 1892 lors de la grande grève des mineurs de Carmaux, près de Castres. L'année suivante, il devient député de Carmaux. C'est un socialiste qui rêve d'unité, de fraternité et de progrès social.

Anticolonialiste, c'est aussi un pacifiste convaincu. Dans les colonnes de son journal, *l'Humanité*, qu'il a fondé en 1904, il appelle à l'union des peuples et dénonce les nationalistes, tant français qu'allemands, qui poussent à la guerre. Ces prises de position lui valent la haine de beaucoup : il est assassiné à la veille de la déclaration de guerre. Grande honte pour la France : son meurtrier, qui a toujours revendiqué son geste, est acquitté en 1919.

Bonnes réponses : 5 points

6 ■ Exprimer la relation cause/conséquence

Exercice 6 : *Exprimez de quatre manières différentes la relation entre ces deux événements.*

En 1914, Jaurès milite contre la guerre. Il est assassiné.

a) ....

b) ....

c) ....

d) ....

Bonnes réponses : 2 points
(0,5 point par phrase correcte)

COMPTEZ VOS POINTS

Vérifiez les bonnes réponses dans le corrigé page 121.

***De 15 à 20** : BRAVO ! Passez à l'Unité 4.*

***De 10 à 15** : C'est bien. Regardez les corrigés pour comprendre vos erreurs, puis en avant pour l'Unité 4 !*

***Moins de 10** : Que se passe-t-il ? Relisez les textes et les exercices de l'Unité 3 (avec les corrigés) puis refaites cette autoévaluation. Courage ! Ce n'est pas grave.*

LE TEXTE NARRATIF

Le texte narratif raconte des événements qui se déroulent dans le temps.

Le roman, la nouvelle, le conte, la fable sont des textes narratifs.
Mais aussi les autobiographies, les biographies, les ouvrages d'histoire, les faits divers dans les journaux, à la télévision et même un récit oral.

Un texte narratif peut être identifié grâce aux caractéristiques suivantes :

• La présence de **liens logiques de temps** *(ensuite, le lendemain, ce jour-là...).*
Nicolas Bouvier naît en 1929 à Genève. ***Dès l'âge de 7 ans****, il lit tout Jules Verne.* ***Plus tard****, au lieu d'entrer à l'université, il préfère partir sur les grands chemins.*

• La présence de **verbes d'action.**
Nous ***avons quitté*** *la gare dans le bruit... Le train* ***est monté*** *vers le plateau mongol... Puis* ***nous sommes entrés*** *en Mongolie...*

• La présence des **temps du récit** : **le passé simple** ou **le passé composé.**
Un jour d'été, un jeune journaliste ***partit*** *sur la route des Indes...*

Après de nombreux déménagements, <u>un beau jour</u>, j'en ***ai eu*** *assez de faire et de défaire des paquets, <u>alors</u>,* ***j'ai embarqué*** *sur une péniche...*

– À la place du passé simple ou du passé composé, on peut trouver également : **le présent de narration** qui rend le texte plus vivant, contemporain du lecteur.
Nicolas Bouvier ***naît*** *en 1929 à Genève où il* ***meurt*** *en 1998.*

– **Le futur de narration** qui met l'action, l'événement en perspective.
Pendant plus de vingt ans, Jules Verne ***entreprendra*** *de nombreuses croisières qui le* ***conduiront*** *en Écosse, en Scandinavie...*

– Une narration est souvent associée à une description, qui sera à **l'imparfait** :
Nous ***sommes entrés*** *en Mongolie, la steppe* ***s'étendait*** *monotone jusqu'à l'horizon.*

– Les faits antérieurs à la narration seront au **plus-que-parfait** :
Un jeune journaliste partit sur la route des Indes. En 1972, de retour de ces pays qu'il ***avait visités****, il se* ***précipita*** *chez son directeur.*

ET VOGUE LA GALÈRE !

■ **OBJECTIFS FONCTIONNELS :** Identifier un texte – Repérer le thème général du texte – Comprendre l'organisation d'un document.

■ **LEXIQUE :** Le voyage – la mer – l'effort – la victoire – l'échec.

■ **GRAMMAIRE :** Le système des temps dans la narration – La chronologie – Les temps du passé – La concordance des temps.

Commentez ces photos. Où vont ces embarcations et à quoi servent-elles ? Imaginez.

VOCABULAIRE 1

- naviguer, voyager – découvrir – transporter – pêcher.
- un bateau, une barque, un navire, un voilier, la voile – la mer – le nuage – la vague – le vent.

DOCUMENT 1

Au fil de l'eau avec les marins d'eau douce.

« Après de nombreux déménagements, un beau jour* j'en ai eu assez de faire et de défaire des paquets ; j'ai donc décidé de me fixer quelque part. J'avais déjà 40 ans et je voulais un chez-moi. Alors, ma femme, nos trois enfants, notre chien, notre chat, notre poisson rouge et moi avons embarqué sur une péniche, amarrée sur les quais de la Seine dans la banlieue parisienne ; c'est un espace grand comme un terrain de basket », raconte Antoine.
Cet environnement urbain* n'empêche pas de vivre au rythme des changements du temps : les berges* inondées au printemps, l'eau qui gèle, qui se transforme en glace en hiver, le bateau qui bouge et les chutes dans l'eau : « Dans notre famille, dit Antoine en riant, tout le monde est tombé au moins une fois à l'eau. »

* **un beau jour** : un certain jour (passé ou futur). * **urbain(e)** : qui est de la ville. *Les transports urbains.*
* **la berge** : le bord d'un cours d'eau, d'une rivière, d'un fleuve.

Ce document vous donne l'impression qu'Antoine :

❒ regrette son choix. ❒ est très heureux de son choix.

Justifiez votre réponse.

Relevez dans le texte les éléments qui rendent la vie sur une péniche plutôt pénible.

DOCUMENT 2

Voyager ou rêver avec un guide !

En 1968, un jeune journaliste rêvait de la « route des Indes »... Un jour d'été, il partit. En 1972, de retour de ces villes merveilleuses qu'il avait longuement visitées (Istanbul, Téhéran, Islamabad, Goa, Katmandou), il se précipita chez le directeur de son journal : « Chef ! Je tiens un reportage* sensationnel ! ». Emballé* par l'enthousiasme du journaliste, le directeur lança une idée : « Avec autant d'informations, tu ferais mieux d'écrire un guide... » Le journaliste commença alors un nouveau genre de voyage : le tour des éditeurs parisiens. Le guide fut refusé par 19 maisons d'édition... Finalement, un petit éditeur accepta cette formule originale pour l'époque : un guide de voyage qui serait fait pour les jeunes qui n'ont pas beaucoup d'argent. La presse fut enthousiaste ! On admira cette étrange façon de voyager, les mains dans les poches et la fleur entre les dents... Et c'est ainsi qu'est né le *Guide du routard*.

* **un reportage** : travail (récit, film...) d'un journaliste qui raconte ce qu'il a vu ou entendu.
* **emballé** *(fam.)* : ravi, enchanté.

Qu'est-ce qui lui semble plus difficile : partir sur la route des Indes ou essayer de faire éditer un guide de voyage ?

« Voyager les mains dans les poches et la fleur entre les dents » : ***qu'est-ce que cela signifie ?***

GRAMMAIRE 1

La place du verbe introducteur dans le style direct :
Antoine raconte : *« J'en ai assez de faire et de défaire des paquets ! »*
« J'en ai assez de faire et de défaire des paquets », ***raconte Antoine****.*
« J'en ai assez, ***raconte Antoine****, de faire et de défaire des paquets. »*

Du vent dans les voiles !

Le Vendée Globe est une course autour du monde à la voile, en solitaire, sans escale et sans assistance.

Les concurrents suivent un itinéraire précis. Ne pas le respecter, c'est être automatiquement disqualifié. Cette course a lieu tous les quatre ans.

Le 2 février 2005, c'est un skipper français, Vincent Riou, qui a franchi, le premier, la ligne d'arrivée.

Le 7 novembre 2004, il avait quitté les Sables-d'Olonne, en Vendée, avec vingt autres concurrents. Le lendemain, le 8 novembre, il s'était retrouvé dans les vagues énormes du golfe de Gascogne, puis il était passé au large des îles Canaries. Le 1er décembre, il était entré dans l'océan Indien. Dix jours plus tard, il avait aperçu les côtes de l'Australie. Au sud de l'Antarctique, il avait affronté une mer violente, des vents glacés et des icebergs. Après être remonté vers le cap Horn, rendez-vous de tous les vents de la terre, de toutes les vagues, il avait longé la côte brésilienne, était passé au large du cap Vert et enfin avait pris la dernière ligne droite vers le nord, vers les Sables-d'Olonne, où il était arrivé le 2 février 2005.

Il venait de passer 87 jours en mer et il avait parcouru 43 000 kilomètres de souffrance, de solitude, de découragement, mais aussi de joie.

VOCABULAIRE 2

- **en solitaire** : en solo ; seul(e). *Faire une course en solitaire, vivre en solitaire.*
- **une escale** : action de s'arrêter pour embarquer ou débarquer des voyageurs ou du ravitaillement.
*L'avion Paris-Sydney fait **escale** à Tokyo.*
- **un itinéraire** : chemin suivi ou à suivre pour aller d'un lieu à un autre.
*J'étudie **notre itinéraire** pour la randonnée en forêt.*
- **un skipper** : personne qui dirige le bateau dans une course de bateaux.
- **le large** : la haute mer ; **au large de** : près de.

GRAMMAIRE 2

- **Tous les quatre ans.**

Attention : on dit : ***chaque** jour, **chaque** semaine, **chaque** mois, **chaque** année.*
Et ces expressions sont toujours au singulier. On peut dire aussi, avec le même sens : ***tous** les jours, **toutes** les semaines, **tous** les mois, **tous** les ans.*
Et ces expressions sont toujours au pluriel.

Mais attention : on dira seulement : *tous les deux jours, toutes les trois semaines, tous les quatre mois, tous les cinq ans* (et non : * *chaque deux jours*)...

Attention aux termes temporels, aux termes de la narration.
d'abord, avant, après, dix jours plus tard, puis, ensuite, enfin..., le 7 novembre, le 2 février.
Tous ces termes inscrivent la narration dans une temporalité.

- **Attention : APRÈS + infinitif passé** (avec un auxiliaire)

***Après être entré**, il allume la télé. **Après avoir allumé** la télé, il s'assoit dans son fauteuil.*

ACTIVITÉS DE COMPRÉHENSION ÉCRITE SUR LE TEXTE

A – Compréhension globale

1 ***La course du Vendée Globe a lieu :***

❒ **a)** tous les ans.
❒ **b)** tous les quatre ans.
❒ **c)** tous les trois ans.

2 ***Chaque navigateur peut-il choisir et suivre son propre itinéraire ?***

3 ***Quels sentiments Vincent Riou a-t-il éprouvés ?***

B – Compréhension détaillée

4 ***De quelle ville partent les navigateurs ?***

5 ***7 novembre 2004 – 2 février 2005 : que représentent ces dates ?***

ACTIVITÉS LINGUISTIQUES

VOCABULAIRE

1 ***Relevez dans le texte tous les termes qui ont un rapport avec la mer.***

....

2 ***Cherchez dans un dictionnaire le sens du mot*** *« disqualifié »* ***et donnez le contraire de ce mot dans la phrase suivante :*** *« Le concurrent a été <u>disqualifié</u> ».*

....

....

Quel est le nom formé sur le verbe : *« disqualifier » ?*

....

3 ***Donnez, dans l'ordre chronologique, les différents lieux cités dans le document.***

....

GRAMMAIRE

1 ***Récrivez le texte en commençant par les mots suivants :*** *« Le 7 novembre 2004, Vincent Riou a quitté les Sables-d'Olonne… »*

2 *« Les concurrents suivent un itinéraire précis. <u>Ne pas le respecter, c'est être automatiquement disqualifié</u>. »* ***Trouvez une autre structure grammaticale pour exprimer la même idée que dans la phrase soulignée.***

POUR EN SAVOIR PLUS...

Jules Verne et la mer !

Jules Verne, qui était né à Nantes en 1828, aimait la mer et les bateaux.
Pendant plus de vingt ans (de 1859 à 1884), il entreprendra de nombreuses croisières qui le conduiront en Écosse, en Scandinavie, en Angleterre, dans la mer Baltique, en Méditerranée, où il visitera Lisbonne, Tanger, Gibraltar et Alger. Pour faire ces voyages, il avait acheté et aménagé d'abord le *Saint-Michel I*, puis le *Saint-Michel II*, et enfin un grand navire de 30 mètres à voiles et à vapeur, le *Saint-Michel III*. Il avait appelé ainsi ses bateaux d'après le nom de son fils Michel, né en 1861.
Mais c'est sur le plus grand paquebot du XIXe siècle, le *Great-Eastern*, qu'il ira à New York. Il fera sa dernière croisière en Méditerranée en 1884. Et jusqu'en 1905, date de sa mort, il ne reprendra plus la mer.

■ ***Citez quelques pays visités par Jules Verne.***

■ ***Est-ce que le* Great-Eastern *appartenait à Jules Verne ?***

Le trophée Jules-Verne !

Inspiré par un des romans de Jules Verne *Le Tour du monde en quatre-vingts jours*, le trophée Jules-Verne récompense, depuis 1992, le concurrent qui améliore le record du tour du monde à la voile. Le 20 avril 1993, Bruno Peyron, à la tête de son équipage, a bouclé un tour du monde resté célèbre, en 79 jours, 6 heures, 15 minutes et 56 secondes ; il est devenu ainsi le premier détenteur du trophée Jules-Verne. Par la suite, dix-sept équipages ont essayé de battre ce record. Six ont réussi. Mais Bruno Peyron lui-même ne se doutait pas que douze ans plus tard, dans la nuit du 15 au 16 mars 2005, il battrait son propre record et celui de tous les autres en faisant le tour du monde en 50 jours 16 heures et 20 minutes.

■ ***Quel est le roman qui a inspiré la course qu'on appelle le trophée Jules-Verne ?***

■ ***Bruno Peyron a amélioré son propre record. Combien de jours a-t-il gagné entre le premier et le dernier record ?***

VOCABULAIRE 3

- **une croisière** : un voyage d'agrément effectué à bord d'un bateau de plaisance, à bord d'un paquebot.
- **un trophée** : objet, témoignage d'une victoire.
- **détenteur** : celui qui garde, qui tient en sa possession.

GRAMMAIRE 3

Attention au verbe **naître**, qui a des formes difficiles.
- **Présent** : je nais, tu nais, il naît, nous naissons, vous naissez, ils naissent.
- **Imparfait** : je naissais, tu naissais, il naissait, nous naissions, vous naissiez, ils naissaient.
- **Futur** : je naîtrai, tu naîtras, il naîtra, nous naîtrons, vous naîtrez, ils naîtront.
- **Passé composé** : je suis né(e), tu es né(e), il est né, nous sommes né(e)s, vous êtes né(e)(s), ils sont nés.
- **Passé simple** : je naquis, tu naquis, il naquit, nous naquîmes, vous naquîtes, ils naquirent.

PRODUCTION ÉCRITE

1 ***Est-ce que vous aimeriez ou non vivre à bord d'une péniche? Dans un cas comme dans l'autre, donnez vos raisons.***

2 ***Vous êtes à bord d'un bateau de croisière: écrivez une lettre à un ami pour raconter votre vie à bord de ce bateau.***

3 ***À partir des éléments suivants, racontez la vie de Jules Verne*** (attention aux dates).

8 février 1828: naissance à Nantes de Jules Verne
10 janvier 1857: mariage à Paris
1847: installation à Paris
Le 3 août 1861: naissance de son fils Michel
En 1863: *Cinq Semaines en ballon*
En 1865: *Les Enfants du capitaine Grant*
En 1869: *Vingt Mille Lieues sous les mers*
En 1872: *Le Tour du monde en quatre-vingts jours*
En 1874: *L'Île mystérieuse*
En 1876: *Michel Strogoff*
En 1905: mort de Jules Verne à Amiens.

Plaisir de Lire...

Le voyage

C'est la contemplation silencieuse des atlas, à plat ventre sur le tapis, entre dix et treize ans, qui donne ainsi l'envie de tout planter là... La vérité, c'est qu'on ne sait comment nommer ce qui vous pousse. Quelque chose en vous grandit... jusqu'au jour où, pas trop sûr de soi, on s'en va pour de bon.

Nicolas Bouvier, L'Usage du monde.

FERMEZ LES PORTIÈRES !

■ **Objectifs fonctionnels :** Identifier un texte – Repérer le thème général du texte – Comprendre l'organisation d'un document.

■ **Lexique :** Le voyage, le train, le chemin de fer, la route.

■ **Grammaire :** Le système des temps dans la narration – La chronologie – Les temps du passé – La concordance des temps – L'opposition – L'accord des adjectifs de couleur.

■ ***Commentez cette photo. Imaginez la destination de ce train.***

VOCABULAIRE 1

- prendre, monter, descendre, rouler, traverser.
- le chemin de fer, le train, les rails – le paysage, la plaine, la montagne...

DOCUMENT 1

Un voyageur raconte ! En train dans la cordillère des Andes !

Il était 14 heures à la gare déserte d'Alausi, jolie petite ville dans les Andes équatoriennes. Nous attendions sur le quai le train qui allait nous conduire à Riobamba en quatre heures, bien qu'il n'y ait que 120 kilomètres entre les deux villes. Le train est arrivé dans le bruit et la fumée. Nous sommes montés sur le toit et le voyage a commencé. Nous avons franchi des rivières sur des ponts de bois étroits. Nous avons traversé des gares abandonnées parce que d'énormes blocs de rocher pouvaient tomber de la montagne. Nous avons roulé au bord de ravins* profonds. Sans cesse le chauffeur klaxonnait pour chasser des animaux sauvages. Parfois des Indiennes, aux costumes colorés, nous saluaient au passage. À quelques kilomètres de l'arrivée un magnifique volcan* au sommet couvert de neige est apparu devant nous. Un vent glacé soufflait. Enfin, après un dernier virage*, le train est entré en gare dans un bruit assourdissant*.

* **un ravin** : petite vallée étroite aux pentes raides.
* **un volcan** : montagne qui laisse sortir d'un trou, le cratère, de la matière brûlante, du feu, des flammes.
* **un virage** : une courbe, un tournant de la route. * **assourdissant(e)** : qui rend sourd ; bruit très fort, très violent.

Qu'est-ce qui peut sembler étonnant et effrayant dans cette façon de voyager ?

DOCUMENT 2

Des gares pas comme les autres !

Dans le sud-ouest de la Tunisie, deux villes, Tozeur et Degache, possèdent une gare de chemin de fer qui date de 1910 et qui servait surtout au transport des marchandises. Aujourd'hui, c'est par la route que cela se fait. Les gares sont toujours là. Elles ont été entretenues*, conservées en bon état, et même embellies, mais elles attendent des trains qui ne viennent jamais. Situées au milieu du désert, elles sont le point de départ d'un voyage imaginaire.

* **entretenir quelque chose** : garder en bon état.

Combien de trains partent aujourd'hui des gares de Tozeur et de Degache ?

GRAMMAIRE 1

- Attention à la conjonction **BIEN QUE** qui marque l'opposition et qui est toujours **suivie du subjonctif**.

*Il n'y a que 120 kilomètres entre Alausi et Riobamba, **mais/pourtant** on met quatre heures pour aller d'une ville à l'autre.*

***Bien qu'il n'y ait** que 120 kilomètres entre Alausi et Riobamba, on met quatre heures pour aller d'une ville à l'autre.*

À bord du transsibérien !

Il nous a fallu plus de cinq jours pour aller de Pékin à Moscou, en traversant la Mongolie. J'ai pourtant fait et aimé ce voyage. Nous avons quitté la gare dans le désordre et le bruit. Les premières heures se sont passées dans les montagnes de la Chine du Nord. À travers un paysage désolé, le train est monté lentement vers le plateau mongol. Le rythme du train et le spectacle de ces terres brun-rouge poussaient à la rêverie, à la lecture, aux conversations ; le temps ne comptait plus. Puis nous sommes entrés en Mongolie ; la steppe s'étendait, monotone, jusqu'à l'horizon.

Nous avons traversé Oulan-Bator, la vallée de la Selenga et les rives du Baïkal, Irkoutsk, Tomsk, Novossibirsk, Ekaterinenbourg, l'Oural. Les jours passaient et ces noms tournaient comme les roues du train. Les passagers avaient pris leurs habitudes. Ils buvaient du thé, jouaient aux cartes et aux échecs. Le wagon-restaurant changeait avec le pays. Chinois pour commencer, mongol ensuite, russe pour terminer, il offrait des expériences exotiques.

Plus on avançait en Sibérie, plus les couloirs s'animaient. Et puis on est arrivé aux abords de Moscou, dans des villages aux clochers blancs ou or.

VOCABULAIRE 2

- **désolé(e)** : désert et triste (en parlant d'un paysage).
- **aux abords de** : dans le voisinage de, près de.
- **monotone** *(adj.)* : qui ne change pas, uniforme.
- **un clocher** : bâtiment élevé d'une église où se trouve la cloche qui sonne les heures de prière.

GRAMMAIRE 2

- Attention à l'expression de comparaison : **PLUS… PLUS…**

Cette expression peut avoir aussi le sens de : **à mesure que…**
On avançait en Sibérie, en même temps les couloirs s'animaient.
= ***Plus*** *on avançait en Sibérie,* ***plus*** *les couloirs s'animaient.*
= ***À mesure qu****'on avançait en Sibérie, les couloirs s'animaient.*

- **Attention à l'accord des adjectifs de couleur.**

Ces adjectifs s'accordent avec le nom : *des nuages blancs, une plaine verte,* sauf quand l'adjectif de couleur est un nom *(orange, cerise, crème, émeraude, or…)* ou quand il est composé *(bleu clair, vert émeraude, jaune paille, brun-rouge…).*
La terre est brune mais, *la terre est* ***brun-rouge****.*

ACTIVITÉS DE COMPRÉHENSION ÉCRITE SUR LE TEXTE

A – Compréhension globale

1 ***Le voyage de Pékin à Moscou dure :***

❒ a) un mois.
❒ b) une semaine.
❒ c) cinq jours.

2 ***Quelles sont les régions traversées ?***

B – Compréhension détaillée

3 ***Quelle cuisine (française, italienne, chinoise...) mange-t-on dans le train ?***

4 ***Que font les passagers pendant le voyage ?***

ACTIVITÉS LINGUISTIQUES

VOCABULAIRE

1 ***Cherchez dans un dictionnaire le sens des mots suivants :*** *plateau, steppe, vallée, rive.*

2 ***Quel est le sens du mot*** *« désolé »* ***quand on parle d'une personne ?***

3 ***Trouvez un autre mot de la même famille que*** *« exotiques »* ***et donnez le sens de ce mot.***

4 ***Comme dans l'exemple suivant, récrivez la phrase en remplaçant l'adjectif souligné par un nom.***

Exemple : *Je supporte mal les voyages fatigants → Je supporte mal la fatigue des voyages.*

– Je m'ennuie et je m'endors devant certains paysages monotones. → ....

GRAMMAIRE

1 ***Reportez-vous au texte*** *« Sur la route avec Nicolas Bouvier ! »*, ***page 84. Mettez le texte au passé composé, à partir de :*** *« Plus tard, au lieu d'entrer à l'université... »* ***jusqu'à*** *« et enfin Ceylan ».*

2 ***Récrivez les phrases suivantes en remplaçant le mot souligné par le mot entre parenthèses. Faites les accords si nécessaires.***

– Il portait un vieux jean bleu *(chemise)* → ....
– Il avait un sac marron *(chaussures)* → ....
– Elle a acheté un chapeau blanc crème *(casquette)* → ....

POUR EN SAVOIR PLUS...

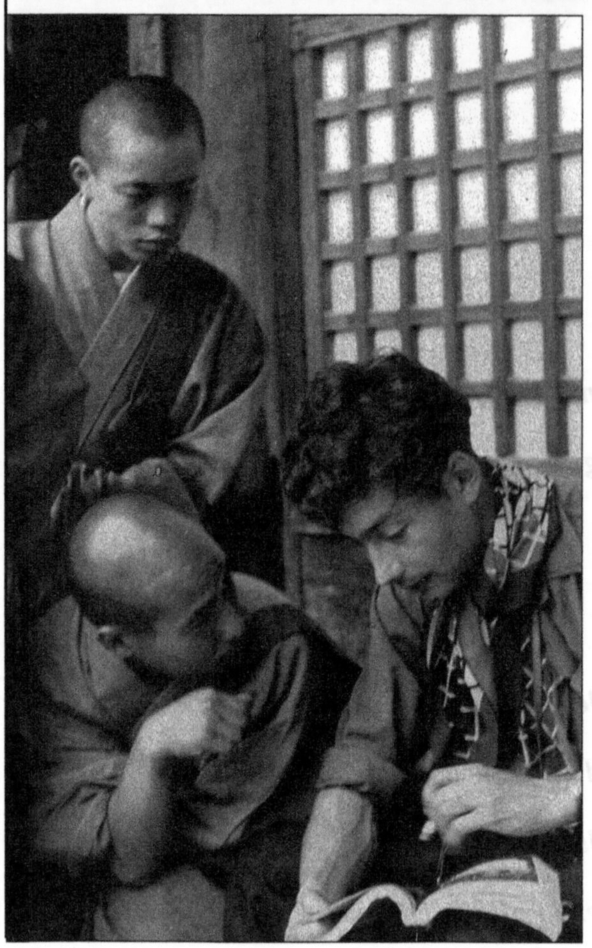

Sur la route avec Nicolas Bouvier ! « Voyager, c'est s'attacher et s'arracher » !

Nicolas Bouvier naît en 1929 à Genève, où il meurt en 1998. Enfant, il vit dans les livres. Son père est bibliothécaire. Il lit, dès l'âge de 7 ans, tout Jules Verne.

Plus tard, au lieu d'entrer à l'université, Nicolas Bouvier préfère partir sur les grands chemins. Son père l'encourage.

Son premier voyage, il le fait en compagnie d'un dessinateur, Thierry Vernet. De juin 1953 à décembre 1954, ils prennent en voiture la route de l'Orient et ils vont de Genève à Ceylan en passant par la Yougoslavie, la Macédoine, la Turquie, l'Iran, l'Afghanistan, l'Inde et enfin Ceylan.

Dans ses voyages Nicolas Bouvier cherche à comprendre un peu mieux le monde. « Je ne voyage pas, dit-il, je vis dans les pays. » C'est une façon de voyager très différente de celle du touriste d'aujourd'hui. Il aime voyager avec lenteur. Il lui faudra trois ans pour arriver au Japon. Nicolas Bouvier est un nomade qui s'attache aux pays et aux autres mais qui ensuite s'arrache pour continuer sa route.

VOCABULAIRE 3

- **un(e) bibliothécaire** : personne qui travaille dans une bibliothèque. Attention, ne confondez pas la bibliothèque et la librairie. Dans une librairie, on vend des livres ; dans une bibliothèque, on conserve des livres et on les prête à des lecteurs.
- **un(e) nomade** : personne qui se déplace tout le temps, qui n'a pas de domicile fixe.
- **arracher** : enlever avec force ; **s'arracher à** : se détacher avec peine, quitter avec regret.

GRAMMAIRE 3

Attention :

AU LIEU DE + nom = **À LA PLACE DE** + nom.

Sur l'île Seguin, ***au lieu d'une usine de voitures, à la place d'une usine****, verra-t-on bientôt un musée d'art moderne ?*

Mais :

AU LIEU DE + infinitif.

Sur l'île Seguin, ***au lieu de voir*** *l'usine de voitures Renault, verra-t-on bientôt un musée d'art moderne ?*

PRODUCTION ÉCRITE

1 ***Voyagez-vous souvent en train? Pour aller où?***

2 ***Le père de Nicolas Bouvier pousse son fils à partir. Est-ce que c'est habituel? Imaginez ce que pourrait dire un père plus traditionnel, plus conservateur.***

3 ***Imaginez un itinéraire que vous aimeriez prendre. De quelle ville, de quel pays partiriez-vous, pour arriver dans quelle ville, dans quel pays?***

Plaisir de Lire...

Je suis en route
J'ai toujours été en route...
[...]
Je reconnais tous les pays les yeux fermés à leur odeur
Et je reconnais tous les trains au bruit qu'ils font
Les trains d'Europe sont à quatre temps tandis que les trains d'Asie sont à cinq ou sept temps
[...]
Tsitsika et Kharbine
Je ne vais pas plus loin
C'est la dernière station.

Blaise Cendrars, La Prose du transsibérien.

VAINCRE SON HANDICAP

- **OBJECTIFS FONCTIONNELS :** Repérer la place du scripteur – L'expression des sentiments.
- **LEXIQUE :** Sport et handicap.
- **GRAMMAIRE :** Verbes personnels – Verbes impersonnels

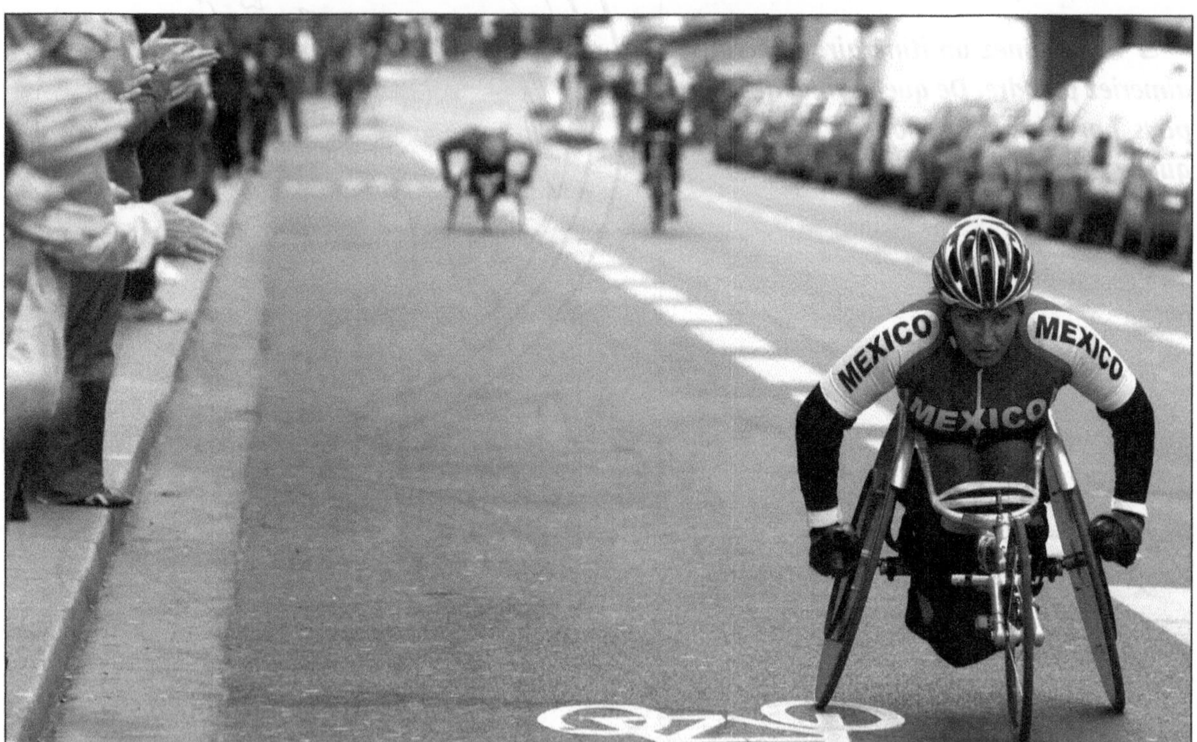

Commentez librement cette photo en quatre à cinq lignes.

VOCABULAIRE 1

- un handicap, un handicapé – un handicapé physique, un handicapé moteur, un handicapé mental.
- être handicapé ≠ être valide – un fauteuil roulant.
- une compétition sportive → le courage, l'énergie, l'endurance (courageux, énergique, endurant).

GRAMMAIRE 1

- *Il est impossible **de** s'imaginer comme c'est difficile. Cette difficulté est impossible **à** imaginer.*

Faites attention à ces deux structures : le sujet du verbe est-il impersonnel *(« Il est difficile **de**… »)* ou personnel *(« Cette difficulté est impossible **à**… »)*?

DOCUMENT 1

Aventure Handicap

Aventure Handicap est une association régie par la loi 1901*.
Tout débute* en 1990 lorsqu'une poignée de* sportifs, valides et handicapés, décident de partir à l'aventure.
Leur désir: montrer que tous, malgré leurs différences, peuvent vivre la même aventure, c'est-à-dire parcourir 1 700 kilomètres de piste* à travers l'Atlas marocain, à pied, en fauteuil roulant, à vélo, en 4×4.
Leur devise*: « Ensemble dans la différence. »
Au retour, ils ne rêvent que d'une chose: repartir. Ils se groupent alors en association: *Aventure Handicap* est née.
Régulièrement, *Aventure Handicap* organise des raids* sportifs, ouverts à tous, valides et handicapés.
Il s'agit de donner une image différente, valorisante*, du handicap et des personnes handicapées.
Chacun apporte dans cette aventure sportive et humaine ses compétences, son énergie et son désir de se dépasser. Le tout dans une atmosphère de solidarité et d'amitié.

* **la loi 1901 :** loi qui réglemente les associations à but non lucratif (sans profit financier).
* **débuter :** commencer.
* **une poignée de... :** quelques.
* **une piste :** un chemin.
* **une devise :** un slogan.
* **un raid :** une expédition.
* **valorisant :** positif.

■ ***À votre avis, pourquoi ce texte commence par la phrase :*** *« Aventure Handicap est une association régie par la loi 1901 » ?*

■ ***Comment sentez-vous la nuance entre :*** *« Ensemble dans la différence »* ***et*** *« Ensemble malgré la différence » ?*

DOCUMENT 2

Joël et sa drôle de Joëlette

Joël Claudel eut l'idée, un jour, d'inventer une drôle de machine* pour son neveu Stéphane.
Stéphane était atteint de myopathie* mais il rêvait de découvrir le monde. Il disait :
« J'ai toujours voulu aller au bout de mes rêves. À chaque fois que j'ai regardé une montagne, j'ai souhaité aller voir ce qu'il y avait derrière. »
La « Joëlette », c'est un siège avec une seule roue qui permet à ceux qui ne peuvent pas marcher de se faire transporter dans tous les chemins, même les plus étroits.
L'association *Handi Cap Évasion*, fondée en 1988 par Joël Claudel, organise des randonnées* d'une semaine en moyenne et haute montagne, principalement dans les Alpes, associant des accompagnateurs valides et des handicapés moteurs.
Par exemple, en avril, l'association propose une superbe balade* dans le Verdon.

* **une drôle de machine :** une machine étrange.
* **la myopathie :** maladie héréditaire affectant les muscles.
* **une randonnée :** une excursion à pied, à cheval, à bicyclette...
* **une balade :** une promenade.

■ ***Si vous changez la première lettre du mot*** *« Joëlette »*, ***vous obtenez*** *« goélette »*. ***Cherchez le sens de ce mot dans votre dictionnaire. Qu'est-ce que ce mot évoque pour vous ? Quelle relation peut-on faire entre une*** *« goélette »* ***et une*** *« Joëlette » ?*

■ ***À votre avis, quelles sont les qualités requises pour être accompagnateur dans le cadre de cette association ?***

Un combat de chaque jour

Estelle, 37 ans, raconte :

« Pour ceux qui ne souffrent d'aucun handicap, il est difficile de s'imaginer à quel point la moindre sortie est un véritable "parcours du combattant" quand on doit se déplacer en fauteuil. Bien sûr, il y a eu quelques mesures pour nous faciliter la vie mais, en France, on est loin du compte !

Imaginez une minute... Vous avez pensé aux trottoirs trop hauts, aux voitures qui se garent sur les passages abaissés, à l'accès dans le métro et dans les bus ? Oh, bien sûr, certains bus sont aménagés, mais trop peu. Et les gens râlent parce que ça prend un peu de temps. Ils ne peuvent pas patienter deux minutes ! Quant aux places de parking ou aux toilettes réservées, elles sont bien souvent occupées par des usagers valides. Comme nous le disions à une époque :

"Vous prenez ma place ? Eh bien, prenez aussi mon handicap !"

Aller dans les boutiques, aller voir une expo, une pièce de théâtre, un film, des copains... À chaque fois, on se pose la question : Oui, super ! Mais... c'est accessible ou non ?

Même dans les lieux publics... Tenez, il y a deux ans, j'ai voulu me réinscrire à l'université. Je voulais compléter ma formation parce que, pour nous, c'est plus difficile d'avoir un poste qualifié. Même avec des diplômes, on trouve mille prétextes pour conclure que vous ne faites pas l'affaire. Bref, je m'inscris. Après trois mois, j'ai jeté l'éponge ! Bien sûr, un ascenseur nous était réservé, mais il était en panne un jour sur deux. Et on avait mis tous les cours au quatrième étage !

Mais tout ça, ce n'est pas le pire. Le pire, c'est le manque de considération. On emmerde les gens, c'est clair ! Ils aimeraient qu'on n'existe pas, ou alors qu'on se cache ! L'autre jour, je voulais aller au cinéma près des Halles. Pas d'accès pour les fauteuils roulants ! Je proteste (poliment) et le type des billets me fait comprendre, devant tout le monde, que je peux aller me faire voir. Il me dit : "Les cinémas, c'est fait pour les gens normaux !" J'étais furieuse et je l'ai menacé d'aller me plaindre. Ça l'a fait rire. Eh bien, personne, dans la queue, n'a réagi ! »

VOCABULAIRE 2

- **moindre, le moindre, la moindre** : plus petit(e), le plus petit, la plus petite *(avec un nom abstrait)*.
- **le parcours du combattant** : un ensemble de démarches longues et difficiles.
- **une mesure** : une loi, une réglementation.
- **on est loin du compte** : c'est très insuffisant.
- **râler** *(fam.)* : protester.
- **quant à** : en ce qui concerne.
- **un usager** : un utilisateur.
- **un prétexte** : une mauvaise raison.
- **jeter l'éponge** *(fam.)* : abandonner, renoncer à quelque chose.
- **emmerder** *(très fam.)* : ennuyer, gêner.
- **la queue** : la file des gens qui attendent (faire la queue).

ACTIVITÉS DE COMPRÉHENSION ÉCRITE SUR LE TEXTE

A – Compréhension globale

1 ***Est-ce que, selon Estelle, la situation des handicapés est meilleure dans les autres pays européens ?***

2 ***Relevez dans les déclarations d'Estelle ce qui est de la responsabilité :***
- des pouvoirs publics : ....
- de chacun d'entre nous : ....

3 ***Quel est le ton général de ce témoignage ? À votre avis, quel est le caractère d'Estelle ?***

B – Compréhension détaillée

1 ***Comment est-ce que vous décririez un** « bus aménagé » **? Qu'est-ce qui** « prend un peu de temps », **à votre avis ?***

2 *« On trouve mille prétextes pour conclure que vous ne faites pas l'affaire. »* ***Essayez d'imaginer deux ou trois de ces prétextes.***

3 ***Un peu plus loin dans l'interview, Estelle déclare :** « On doit se battre pour montrer qu'on existe, qu'on est là, présents. »*
Quelle phrase dans le texte exprime un peu la même idée ?

4 ***Il me fait comprendre que je peux aller me faire voir !** (« Allez vous faire voir ! »).* ***Comment comprenez-vous, dans le contexte, cette expression ?***

ACTIVITÉS LINGUISTIQUES

VOCABULAIRE

1 ***Il s'agit d'un témoignage retranscrit de l'oral. Certains mots ou expressions appartiennent donc au registre du français parlé, familier. Classez ces termes en trois groupes :***

soutenu (élégant, soigné, plutôt « écrit ») – **standard** (« normal », habituel) – **familier** (ou très familier)

a) les gens s'insurgent – les gens râlent – les gens protestent.

b) vous ne faites pas l'affaire pour ce poste – vous n'allez pas pour ce poste – vous ne convenez pas au profil du poste.

c) on avait situé les cours au 4e – on avait fichu les cours au 4e – on avait mis les cours au 4e.

d) ça l'a amusé – ça l'a fait rire – ça l'a fait rigoler.

2 ***Cherchez dans le texte les mots qui correspondent aux définitions suivantes :***

a) « bande surélevée réservée à la circulation des piétons » : ....

b) « attendre en gardant son calme » : ....

c) « l'attention, le respect » : ....

POUR EN SAVOIR PLUS...

MAIRIE DE PARIS

Des mesures pour rendre la ville accessible à tous.

Donner aux personnes handicapées et à mobilité réduite la possibilité de circuler sans entraves constitue l'une des priorités de la municipalité. C'est un facteur essentiel pour permettre à près de 120 000 personnes en situation de handicap, soit près de 10 % des Parisiens, de se sentir pleinement citoyennes.

Quelques mesures, parmi d'autres :

Adapter la voirie, par exemple :
- sonorisation des feux tricolores pour les malvoyants ;
- abaissement des trottoirs aux espaces piétons ;
- création d'emplacements de stationnement pour les invalides ;
- adaptation des stations d'autobus.

Accéder mieux aux transports en commun :
- amélioration de l'accessibilité dans les autobus parisiens : faire que, d'ici à deux ans, tous les autobus soient accessibles aux personnes handicapées et à mobilité réduite ;
- dans les métros, installation de bandes podotactiles pour permettre aux malvoyants de se déplacer dans les couloirs et sur les quais ;
- aménagement d'une trentaine de taxis pour le transport de personnes à mobilité réduite.

■ ***Parmi les mesures indiquées, quelles sont celles qui concernent spécifiquement les personnes en fauteuil roulant ou à mobilité réduite ?***

■ *« Des bandes podotactiles ».* ***D'après le contexte, pouvez-vous deviner le sens de cet adjectif bizarre ?***

MAIRIE DE PARIS

QUELQUES EXEMPLES D'ACTIVITÉS POUR LES HANDICAPÉS

Activités pour les visiteurs individuels malvoyants/non-voyants
Musée Bourdelle 01 42 72 87 14

- **visite tactile** – *Le portrait* : expression du caractère et des sentiments à travers les portraits d'artistes connus. Jeudi 20 janvier à 14 h.
- **visite tactile** – *Nus* – Jeudi 10 février à 14 h.
- **visite tactile** – *Corps drapés* : comment le drapé peut souligner ou transformer un mouvement ou une composition. Jeudi 17 mars à 14 h.
- **visite tactile** – *Têtes hurlantes* – Jeudi 21 avril à 14 h.

Musée Carnavalet 01 44 59 58 31
Visite-conférence en langue des signes :

- *La Révolution française* (adultes et enfants) – Samedi 22 janvier à 14 h 30.
- *Paris vu par les peintres* (adultes et enfants) – Samedi 5 février à 14 h 30.
- *Paris antique* (adultes et enfants) – Samedi 19 mars à 14 h 30.

■ ***Vrai ou Faux ?***

1. Chaque semaine, le musée Bourdelle organise une visite pour les handicapés. Vrai ❒ Faux ❒
2. Les visites au musée Carnavalet s'adressent aux personnes sourdes ou sourd-muettes. Vrai ❒ Faux ❒

■ ***À votre avis, comment peut-on expliquer « tactilement » à un non-voyant (un aveugle) ce qu'est un portrait ?***

PRODUCTION ÉCRITE

1 ***Essayez d'imaginer au quotidien les difficultés d'une personne en fauteuil roulant qui habite dans votre ville.***
Vous pouvez préciser son identité : sexe, âge, activité (étudiant, salarié...), état civil (célibataire, marié...), le lieu où il vit, comment se déroulent ses journées...

2 ***Enquête***
Une revue française fait une grande enquête dans le monde entier pour la mairie de Paris.
Elle cherche à connaître les mesures que les municipalités, dans différents pays, mettent en œuvre pour aider les handicapés dans leur vie de tous les jours.
On vous demande des informations sur ce qui se passe dans votre ville. Vous devez faire un petit rapport.
Vous allez à la mairie de votre ville pour vous renseigner sur la politique de la municipalité dans ce domaine.
1. Préparation de votre rapport : vous énumérez toutes les mesures prises (depuis cinq ou six ans).
2. Vous rédigez ensuite un rapport de dix à douze lignes que vous enverrez à cette revue.

→ Mesures adoptées par la municipalité : ....

→ Rapport pour la revue française : ....

Plaisir de Lire...

LECTURE
MERCI
S'IL VOUS PLAÎT
CONTENT
BON
AIMER

AUTO ÉVALUATION 4

Maintenant, vous savez...

1 ■ Vous repérer dans un texte narratif

Exercice 1 : *Identifiez le narrateur. Qui dit « Je » ?*

Il était minuit et demi et je rentrais chez moi en métro, après avoir passé la soirée avec des amis qui avaient organisé une fête pour mon anniversaire. Une demi-heure plus tard, la rame est arrivée dans ma station. Je me suis levée, je suis descendue sur le quai et j'ai quitté la station. La rue était déserte. Tout à coup, j'ai remarqué qu'un homme me suivait. J'ai pressé le pas. Lui aussi a pressé le pas. Il était derrière moi. Je me suis mise à courir et je suis arrivée devant ma porte. J'ai composé rapidement le code qui commandait l'ouverture. J'ai poussé la porte et j'allais la refermer quand l'homme l'a poussée brutalement et est entré. Là, il est venu vers moi et d'un ton menaçant m'a demandé : « Ton argent, et vite ! » J'ai dit en tremblant et en pleurant que je n'avais pas d'argent, que j'étais une étudiante pas très riche et que c'était mon anniversaire. Lui, m'a regardée un moment et puis il a dit : « Bon eh bien, bon anniversaire », et il est parti.

❒ **a)** un vieil homme ❒ **b)** une mère de famille ❒ **c)** une jeune étudiante.

Exercice 2 : *Situez les lieux et les moments du récit.*

....

Exercice 3 : *Quel est le temps verbal le plus utilisé dans ce texte ?*

....

Exercice 4 : *Quels sont les autres temps du texte ?*

....

Bonnes réponses : 4 points

2 ■ Retrouver l'origine d'un texte narratif

Exercice 5 : *D'où vient ce document ?*

> Il était une fois un homme très pauvre qui vivait au cœur d'une forêt. Toute la journée, il travaillait, coupait des arbres, assemblait les branches et les portait sur son dos jusqu'au château du seigneur. Puis il rentrait chez lui, très fatigué. Un jour, il se leva comme d'habitude et sortit pour couper, tailler et transporter les branches. Soudain, sur le chemin, il vit devant lui une jeune fille aux longs cheveux blonds qui pleurait au bord d'une fontaine. Surpris, il alla vers elle et lui demanda ce qu'elle faisait là…

❒ a) d'un article de journal ❒ b) d'un conte ❒ c) d'un récit historique

Exercice 6 : *À quel mot situez-vous le début réel de l'histoire ?*

……………………………………………………………………………………………………

Exercice 7 : *Quel est le temps du récit dans ce texte ?*

……………………………………………………………………………………………………

Bonnes réponses : 3 points

3 ■ Organiser un récit

Exercice 8 : *Remettez de l'ordre dans ce récit.*

a) Il était 7 heures du matin. Il faisait déjà chaud.
b) Le vent qui soufflait doucement a poussé le voilier vers le large.
c) Il est monté dedans, a hissé les voiles et a pris la barre.
d) Il s'est dirigé vers le port. Son bateau y était amarré.
e) Jean s'est levé, a mis un jean, un vieux pull-over et il est sorti de chez lui.

……………………………………………………………………………………………………

Bonnes réponses : 3 points

4 ■ Identifier le niveau de langue d'un récit

Exercice 9 : *Relevez dans ce texte deux ou trois expressions qui appartiennent au registre de la langue familière.*

> J'ai appelé l'ascenseur ; comme d'habitude, la cabine n'était pas assez large pour mon fauteuil roulant. C'est vraiment dégueulasse, ai-je murmuré en coinçant la porte. Les autres passagers de l'ascenseur attendaient patiemment, sauf une femme qui râlait. « Alors, c'est pour aujourd'hui ou c'est pour demain ? » Les autres l'ont fait taire et un homme m'a aidé à entrer dans la cabine. L'ascenseur a commencé à s'élever. Il s'est arrêté au 1er étage ; quelqu'un est sorti et j'ai dû manœuvrer pour le laisser passer. À chaque étage, ç'a été le même cinéma ! Jusqu'au 10e étage !

……………………………………………………………………………………………………

……………………………………………………………………………………………………

Bonnes réponses : 3 points

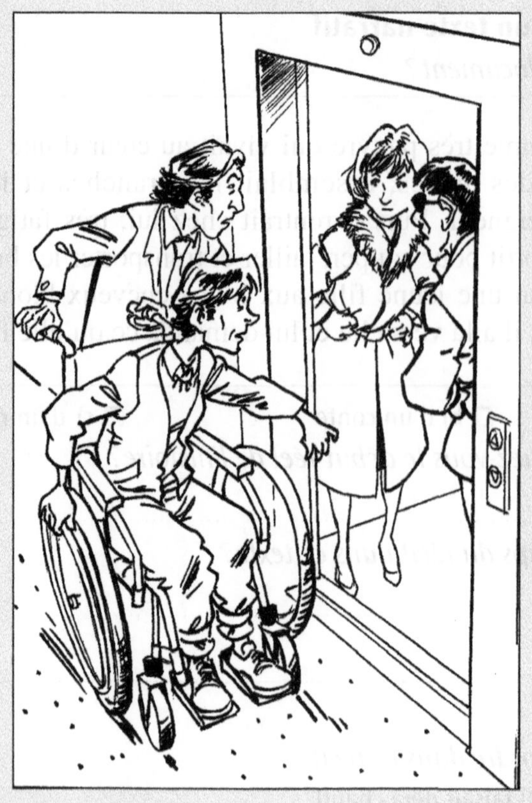

5 ■ Comprendre les temps des verbes

Exercice 10 : *Mettez les verbes entre parenthèses aux temps convenables du passé.*

À minuit, le train *(quitter)* .... la gare. Des voyageurs aux fenêtres *(agiter)* .... encore la main pour un dernier adieu à ceux qui *(rester)* .... Puis chacun *(regagner)* .... sa place et le voyage *(commencer)* .... Quelques-uns *(se mettre)* .... à lire, d'autres *(s'endormir)* .... aussitôt. Certains *(rêver)* .... en pensant à ce qu'ils *(laisser)* .... derrière eux et à ce qu'ils *(aller trouver)* .... en arrivant.

Bonnes réponses : 5 points

6 ■ Comprendre le sens des mots

Exercice 12 : *Associez les mots qui vont ensemble.*

1. vague	**a)** gare
2. aéroport	**b)** fleuve
3. péniche	**c)** mer
4. train	**d)** avion

Bonnes réponses : 2 points

COMPTEZ VOS POINTS

Vérifiez les bonnes réponses dans le corrigé page 123.

Vous avez plus de 15 points : *BRAVO ! Vous êtes prêt(e) à affronter l'Unité 5.*

Vous avez entre 15 et 10 points : *Plus près de 10, encore un petit effort ! Plus près de 15, c'est bien.*

Vous avez moins de 10 points : *Ne vous découragez pas. Vous pouvez faire encore des progrès. Corrigez vos fautes, essayez de les comprendre, puis, après avoir effacé le corrigé, refaites les exercices de l'autoévaluation.*

LE TEXTE ARGUMENTATIF

Le texte argumentatif cherche à convaincre, à persuader, à prouver.

Il a pour but de défendre un point de vue, une thèse, en donnant des arguments, des exemples.

Défendre une thèse, c'est souvent aussi contester une autre thèse.

On réfute alors les arguments de l'autre.

Ces éléments s'enchaînent grâce aux liens logiques, aux **connecteurs logiques** ou **chronologiques**, qui permettent de souligner les articulations de la pensée en montrant bien le déroulement du raisonnement.

Ainsi, le texte argumentatif se caractérise :

• par la présence d'**adverbes de temps** *(d'abord... ensuite... enfin)*.

• par la présence de **conjonctions** qui indiquent :
– la cause *(en effet, parce que...)* ;
– la conséquence *(c'est pourquoi, aussi, ainsi, donc...)* ;
– l'opposition *(pourtant, toutefois...)*.

• par la présence d'**expressions de la concession**.

Dans une argumentation, on peut parfois donner l'impression qu'on est d'accord avec l'autre, mais c'est pour mieux ensuite le contredire.

On trouvera donc des expressions comme : *certes, bien sûr, assurément...*

Qui refuse de défendre la nature ? Qui proclame qu'il veut polluer l'atmosphère ? Personne. ***Et pourtant*** *les pollueurs existent et il faut les combattre.* ***C'est pourquoi*** *nous luttons pour que disparaissent les énergies responsables de l'effet de serre. Il existe* ***en effet*** *des sources d'énergie renouvelables, qui ne sont pas nuisibles pour l'atmosphère.* ***Certes****, il n'est pas facile d'abandonner du jour au lendemain des sources d'énergie comme le pétrole,* ***mais*** *il est temps que les gouvernements comprennent l'urgence du problème.*

On rencontre le texte argumentatif dans des articles, des essais, dans la publicité, dans des débats.

POUR OU CONTRE LES MÉDECINES DOUCES

■ **OBJECTIFS FONCTIONNELS :** Comprendre un point de vue – Comparer deux points de vue différents – Repérer des arguments.

■ **LEXIQUE :** La médecine, les thérapies alternatives.

■ **GRAMMAIRE :** Le « si » de concession – *Parce que/puisque.*

■ ***À votre avis, qu'est-ce qu'on vend dans ce magasin ? Imaginez ce qu'a acheté la dame qui en sort.***

VOCABULAIRE 1

- les médecines douces, les médecines parallèles, les médecines alternatives, la médecine naturelle.
- un magasin « bio », des produits « bio », l'agriculture biologique.
- le bien-être, la relaxation, se détendre, un massage – un onguent – des oligo-éléments.
- une cure thermale, une cure de thalassothérapie.
- la parapharmacie, une herboristerie – des remèdes naturels.

DOCUMENT 1

Le boom des médecines douces

Alors qu'aux XIXe et XXe siècles triomphent les sciences exactes, dont la médecine, il semble qu'au XXIe siècle, cette passion pour la science ait bien décliné* au profit des médecines parallèles, qui connaissent une vogue croissante. Il faut dire que la médecine classique n'a pas tenu toutes ses promesses : le cancer ou le sida reculent, c'est vrai, mais n'ont pas disparu. Moins graves, les maladies de peau, les troubles digestifs, les migraines, etc., résistent souvent aux traitements du généraliste*.

Alors on se tourne vers d'autres façons de se soigner, l'homéopathie, l'ostéopathie, les plantes...
Plus d'un quart des Français ont adopté ce mode de médication.
Pourquoi cet engouement* ?

Pour certains, la médecine classique est trop agressive (« Ras-le-bol* d'avaler des médicaments ! Ras-le-bol du tout chimique ») ; pour d'autres, il est nécessaire de prendre en considération tout l'organisme et pas seulement la partie du corps atteinte : (« L'homme est un tout ») ; d'autres, enfin, veulent être associés au traitement. Ils reprochent aux médecins classiques de les traiter comme des enfants ou comme des idiots, à qui l'on « administre » les remèdes sans donner la moindre explication.

* **décliner** : baisser, diminuer.
* **le** (médecin) **généraliste** ≠ médecin spécialiste.
* **ras-le-bol** *(fam.)* : assez, stop

■ ***Cherchez dans le texte un mot synonyme de :***

a) médecine parallèle : ....
b) un remède : ....
c) la médication : ....
d) le boom : ....

■ ***Comment le texte explique-t-il la vogue des médecines douces ?***

DOCUMENT 2

Cure thermale à la mer Morte

La mer Morte est l'endroit le plus bas de la planète, puisqu'elle se situe à 400 mètres au-dessous du niveau de la mer. Sa concentration en sels minéraux (chlorure de sodium, magnésium, calcium, potassium, bromure...) est dix fois plus élevée que dans les autres mers ; c'est pourquoi il n'y a ni faune ni flore*. C'est ce qui explique aussi qu'on y flotte comme un bouchon ! Impossible de couler... mais presque impossible aussi de nager.
Cette extrême salinité jointe à un fort ensoleillement et à un taux d'humidité très faible est très favorable au traitement du psoriasis et des rhumatismes puisqu'il associe climatothérapie, thalassothérapie* et héliothérapie*.

La cure* dure de deux à quatre semaines. Elle comprend l'application de boues de la mer Morte, des massages sous l'eau et une exposition progressive au soleil. Mais, outre les bienfaits physiques, ce séjour vous apportera calme et sérénité* : c'est à une vraie cure de relaxation que nous vous invitons.

* **ni faune ni flore** : aucun animal, aucune plante.
* **thalassothérapie** : traitement par l'eau de mer.
* **héliothérapie** : traitement par le soleil.
* **une cure** : traitement qui s'étend sur plusieurs jours ou plusieurs semaines.
* **la sérénité** : la paix.

■ ***Quelles sont les conséquences de la très forte salinité de la mer Morte ?***

■ ***Quelle partie du texte correspond à** « thalassothérapie » **et** « héliothérapie » **?***

MÉDECINES ALTERNATIVES : OUI MAIS… PRUDENCE !

Bien des traitements qui finissent en -pathie ou en -thérapie (thalassothérapie, phytothérapie, oligothérapie, aromathérapie, héliothérapie, ostéopathie…) ont un point commun : la médecine officielle ne les reconnaît pas puisqu'elle ne valide que ce qui est démontré scientifiquement ; or, les médecines dites « douces » relèvent de l'empirisme, elles sont le résultat d'observations et d'expériences individuelles. Les études qui ont tenté de vérifier scientifiquement l'efficacité de telle ou telle thérapie ne sont guère concluantes et les résultats ne sont convaincants ni dans un sens ni dans un autre. Pour ou contre ce type de médication, le débat continue donc de faire rage, chez les médecins en particulier.

Pour certains, les médecines alternatives présentent un réel danger. En effet, selon eux, des milliers de cas ont été recensés où le recours aux médecines dites « douces », « alternatives » a eu des résultats catastrophiques. Sont mentionnés pêle-mêle les lésions causées par des acupuncteurs non qualifiés, les paralysies provoquées par des ostéopathes maladroits, les cancers de la peau à la suite de puvathérapies mal dosées…

Ils invitent les pouvoirs publics à faire le ménage dans ce domaine, à veiller à ce que les praticiens en exercice soient diplômés et accrédités, et ils encouragent les patients à prendre tous les renseignements utiles avant de commencer un traitement de ce type.

Pour d'autres, en revanche, s'il faut bien entendu se défendre des charlatans, trop nombreux dans ce secteur, il n'est pas inintéressant d'associer médecine classique et médecine douce, considérée comme complémentaire. D'ailleurs, l'OMS (Organisation mondiale de la santé) recommande d'étudier l'efficacité de ces médecines et, le cas échéant, de les intégrer dans les traitements. Certaines de ces disciplines alternatives sont d'ores et déjà couramment utilisées en médecine « classique », l'acupuncture par exemple.

Si les médecins ne sont toutefois guère favorables dans l'ensemble à ces thérapies, ce n'est pas le cas des Français, qui en redemandent ! Jamais l'engouement pour les médecines douces n'a été aussi vif !

VOCABULAIRE 2

- **phytothérapie** : traitement à base de plantes.
- **oligothérapie** : traitement à base de métaux.
- **aromathérapie** : traitement à base de plantes aromatiques (thym, romarin, sauge, etc.).
- **puvathérapie** : traitement à base de rayons ultraviolets.
- **l'empirisme** ne repose que sur l'expérience et non sur des hypothèses et un raisonnement scientifique.
- **peu concluants** : peu convaincants, peu décisifs.
- **le débat fait rage** : la discussion est très vive.
- **pêle-mêle** : en désordre.
- **veiller à ce que** : faire attention à ce que.
- **accrédités** : reconnus officiellement.
- **se défendre de** : se méfier de.
- **le cas échéant** : en ce cas, si ce cas se présente.
- **d'ores et déjà** : dès maintenant.

GRAMMAIRE 1

- Le « **SI** » n'exprime pas toujours la condition ou l'hypothèse. Dans la phrase :

« … s'il faut bien entendu se défendre des charlatans, trop nombreux dans ce secteur, il n'est pas inintéressant d'associer médecine classique et médecine douce … ».
le « si » exprime une idée de concession (comme dans « même si »).

- **PUISQUE/PARCE QUE**

PARCE QUE répond à la question : Pourquoi ? PUISQUE suppose que la raison est déjà connue.
– ***Pourquoi*** *la médecine officielle ne reconnaît pas les médecines douces ?*
– ***Parce qu****'elle ne valide que ce qui est démontré scientifiquement.*
– *Bien.* ***Puisque*** *la médecine officielle ne les reconnaît pas, la Sécurité sociale ne rembourse rien.* (Le fait que la médecine officielle ne reconnaît pas les médecines alternatives est déjà énoncé, déjà connu.)

ACTIVITÉS DE COMPRÉHENSION ÉCRITE SUR LE TEXTE

A – Compréhension globale

1 ***Pourquoi la médecine classique refuse-t-elle de valider les médecines alternatives?***

2 ***L'OMS accepte-t-elle les médecines douces au même titre que la médecine classique?***

B – Compréhension détaillée

1 ***Est-ce que la médecine** « officielle » **reconnaît tous les traitements qui finissent en** -pathie **ou en** -thérapie?*

2 ***D'après le contexte, comment comprenez-vous les mots** « charlatan » et « engouement »?*

3 ***Et l'expression:** « faire le ménage dans ce secteur »?*

4 ***Comment sentez-vous la différence entre:** « Il est intéressant d'associer médecine classique et médecine douce » **et** « Il n'est pas inintéressant d'associer médecine classique et médecine douce »?*

ACTIVITÉS LINGUISTIQUES

VOCABULAIRE

1 ***Barrez l'intrus.***

a) médicament – médecin – médicalement – méditation – médecine – médication.
b) praticien – pratique – patricien – pratiquement – pratiquer.

2 *« Ils invitent les pouvoirs publics à faire le ménage dans ce domaine ». **Quel est ici le sens du verbe « inviter »?***

GRAMMAIRE

1 *« S'il faut bien entendu se défendre des charlatans, trop nombreux dans ce secteur, il n'est pas inintéressant d'associer médecine classique et médecine douce. » **Dans cette phrase, le « si » marque l'idée de concession. Trouvez un autre exemple de « si » de concession dans le texte.***

2 ***Résumez le texte de la page 98 en suivant la trame suivante.***

Les médecins ne sont pas d'accord sur l'attitude à adopter face aux médecines alternatives.

Les uns .... **parce qu'**ils estiment que ....

....

Les autres, ..., sont d'avis que ....

....

L'OMS leur donne raison. **En effet,** ....

....

Quant aux Français, ...

POUR EN SAVOIR PLUS...

Pourquoi le rire est bon pour la santé

On dit souvent que rien ne vaut un bon fou rire pour que tout s'arrange. Mais qu'en est-il exactement ?

Dès le Moyen Âge, certains médecins pensaient que faire rire les malades les aidait à guérir plus vite. Et en effet, le rire a des vertus psychologiques et physiologiques qu'on redécouvre aujourd'hui.

Psychologiquement, rire nous permet de nous détendre, de sortir d'un état de dépression, de tristesse... En riant, on oublie ses problèmes, on est comme hors de soi-même. C'est aussi un moyen de se protéger, de prévenir les chagrins, les doutes... C'est comme un réflexe d'autodéfense. D'ailleurs, certains humoristes ne sont pas très gais. Ils sont souvent fragiles, facilement déprimés.

Les vertus physiologiques du rire sont moins connues. Certes, on sait que le diaphragme se tend et se détend, que c'est comme un massage qui agit sur la respiration, le système cardio-vasculaire, les muscles abdominaux... Cela explique qu'après une bonne crise de fou rire, on se sent fatigué comme après une séance de gymnastique !

En riant, on évacue son agressivité et les problèmes de tension diminuent. Des études très sérieuses menées aux États-Unis ont montré que les rieurs, ceux qui apprécient l'humour, sont moins souvent atteints de maladies cardio-vasculaires (infarctus, par exemple) que les autres.

Conclusion : riez, riez, riez... C'est un remède économique et vous vous porterez mieux !

■ ***Résumez ce texte en deux phrases.***

....

La « chocolathérapie »

Vous êtes-vous déjà demandé pourquoi les amoureux, heureux ou malheureux, aiment tant le chocolat ? Parce que c'est un euphorisant : il contribue à exalter les amoureux comblés et console les amoureux déçus. De là à dire que c'est un aphrodisiaque, il n'y a qu'un pas... qu'avaient déjà franchi les Aztèques qui connaissaient parfaitement toutes les vertus du divin breuvage.

Pour comprendre pourquoi, il faut se rappeler ce que contient le chocolat :
- des oligo-éléments essentiels pour l'équilibre et la croissance : du calcium, du potassium, du phosphore, du magnésium...
- de la caféine et de la théobromine grâce auxquelles on résiste mieux à la fatigue, on est plus actif, plus éveillé. Cela stimule le système nerveux et accroît la force musculaire.
- de la sérotonine qui permet d'affronter mieux la dépression nerveuse, le découragement.

Alors, pourquoi encore tant de personnes nous mettent en garde devant cette merveille de la nature ? On a tout dit ! On a dit que le chocolat faisait grossir, qu'il était mauvais pour le foie, pour la digestion ; qu'il favorisait les migraines, augmentait le cholestérol, donnait de l'acné aux adolescents...

Rien de tout cela n'a été réellement démontré. On peut se demander si tous ces oiseaux de malheur n'ont pas pour but de culpabiliser les amateurs de chocolat.

Si manger du chocolat est un péché, c'est un péché véniel, un péché mignon.

Et qu'on se le dise : le chocolat, c'est bon pour la santé.

■ ***Dans votre pays, comment consomme-t-on le chocolat ? Comment est-il considéré ?***

....

PRODUCTION ÉCRITE

La cranberry, un cadeau de la nature

La **cranberry** ou **canneberge** ou grande airelle américaine, dont le nom savant est *Vaccinum macrocarpon*, est une baie rouge très acide de la famille des *Ericaceae* qui pousse uniquement dans l'est des États-Unis et au Canada. Ses propriétés sont connues depuis longtemps : les Indiens des Grands Lacs les utilisaient déjà comme désinfectant ou pour traiter les problèmes urinaires.

Depuis une dizaine d'années, on connaît mieux ses bienfaits : elle empêche la fixation de certaines bactéries sur les parois de la vessie ; d'autre part, c'est un excellent antioxydant qui permet de lutter efficacement contre les radicaux libres ; enfin, sa richesse en oméga 3 protège votre système cardio-vasculaire.

On l'utilisera donc pour soigner ou prévenir les infections urinaires, pour écarter les risques d'infarctus ou encore pour lutter contre le vieillissement.

Vous la trouverez en jus (concentré) ou en poudre. La posologie varie selon les cas, mais elle est en moyenne de 10 ml de jus ou de deux sachets de poudre par jour.

1 ***En suivant cette présentation : (1) origine – (2) efficacité reconnue depuis longtemps – (3) indications thérapeutiques – (4) posologie, choisissez une plante (herbe, fruit, arbuste, racine...) de votre pays et rédigez un petit texte publicitaire expliquant ses bienfaits.***

2 ***Dans votre pays, est-ce qu'on a souvent recours aux médecines traditionnelles ? Donnez quelques exemples. Vous pouvez, bien entendu, faire part de vos expériences personnelles dans ce domaine.***

Plaisir de Lire...

Ils [les Incas] savaient la secrète vertu de la gomme d'un certain arbre qu'ils appellent mulli, *et les Espagnols* molle, *dont l'effet est merveilleux et presque surnaturel dans la guérison des plaies.*
L'herbe chillca, *chauffée dans une casserole de terre, est admirable pour guérir les douleurs froides des jointures et même les chevaux qui ont les pattes déboîtées.* [...]
Ils se servaient à diverses fins de l'herbe ou de la plante que les Espagnols appellent tabac et les Indiens sairi, *et qu'ils prisaient pour se décharger le cerveau. L'expérience a fait connaître en Espagne plusieurs autres vertus de cette plante, aussi l'a-t-on appelée l'herbe sainte.*

Garcilaso de la Vega (1609), Commentaires royaux sur le Pérou des Incas,
Traduction de L.-F. Durand, éd. Maspero La Découverte, 1982.

LEÇON 14 — ÇA ROULE ! ÇA ROULE ?

■ **Objectifs fonctionnels :** Identifier un texte – Repérer le thème général du texte – Comprendre l'organisation d'un document.

■ **Lexique :** La voiture, la rue, la circulation, un embouteillage, la pollution.

■ **Grammaire :** Les connecteurs logiques dans un texte argumentatif – Les termes qui marquent l'opposition.

■ ***Commentez cette photo. Que voyez-vous sur la photo ? Est-ce que votre ville offre le même « paysage » ?***

VOCABULAIRE 1

- avancer, circuler, passer, s'arrêter, faire du surplace, encombrer, embouteiller.
- une voiture, la circulation, le passage, un arrêt, un bouchon, un encombrement, un embouteillage.

DOCUMENT 1

Sondage

Un sondage mené par la SOFRES (Société française d'enquêtes par sondages) pour Europcar (société de location de voitures) auprès de 5 000 personnes en France, en Allemagne, en Angleterre, en Italie et en Belgique révèle que 63 % des Français et 72 % des Européens seraient d'accord pour qu'on interdise l'accès* du centre-ville aux voitures qui ne sont pas propres; 40 à 60 % d'entre eux préconisent* même l'emploi de voitures de location comme solution plus écologique aux déplacements urbains. En effet, il s'agirait de petites voitures de faible puissance, qui sont moins polluantes parce que plus récentes.

* **l'accès**: l'entrée.	* **préconiser**: recommander avec insistance.

Dans quels pays a-t-on organisé ce sondage?

Est-ce que l'interdiction de l'accès au centre-ville concerne toutes les voitures?

DOCUMENT 2

À vélo dans Paris!

En 2000, une loi a été votée en France qui oblige toutes les villes de plus 100000 habitants à avoir un « plan de déplacement urbain » (PDU). Le PDU de Paris avait pour objectif de diminuer la circulation automobile de 5 % en favorisant le vélo. On a donc tracé de nombreuses pistes cyclables et, aujourd'hui, les Parisiens bénéficient d'environ 200 kilomètres de pistes cyclables dans Paris. Et pourtant 1 % environ seulement des Parisiens se déplacent à vélo. Peur de la circulation automobile? Difficulté à trouver une place pour garer son vélo malgré les 20800 places de stationnement? Crainte de se faire voler sa bicyclette? Ce sont peut-être quelques-unes des raisons qui expliquent que le vélo ne soit pas encore très utilisé.

Tout le monde peut circuler en voiture, soit comme conducteur, soit comme passager. Pensez-vous que tout le monde puisse circuler à bicyclette? Précisez : qui peut circuler, qui ne peut pas circuler?

GRAMMAIRE 1

- Attention à la conjonction de but: **POUR QUE + subjonctif**.

*Nous sommes d'accord **pour que** le centre-ville soit interdit aux voitures.*

- Attention à la structure suivante:

*Ces voitures **sont** moins polluantes parce qu'elles **sont** plus récentes.*

Nous avons le **même sujet** dans les deux propositions. Le verbe des deux propositions est « **être** » + **adjectif** → On peut supprimer le verbe « être » : *Ces voitures sont moins polluantes **parce que plus récentes**.*

En voiture ? Non ! À pied, à vélo, en métro !

Peut-on interdire les voitures dans les centres-villes ? De nombreuses capitales européennes l'ont déjà fait, et avec succès, semble-t-il.

Les arguments apportés en faveur de ce choix sont nombreux et pertinents.

Tout d'abord, cela permet de lutter efficacement contre la pollution de l'air engendrée par les gaz des voitures et l'effet de serre qui en résulte. La santé des citadins y gagne.

En outre, en interdisant les voitures dans le centre-ville on diminue les nuisances sonores, le bruit et le stress qui l'accompagnent. Stress pour les habitants de ces quartiers, stress pour les piétons et même pour les conducteurs des voitures.

Enfin, en réduisant la circulation, on fait gagner du temps aux usagers des villes, puisqu'il n'y a plus d'embouteillages.

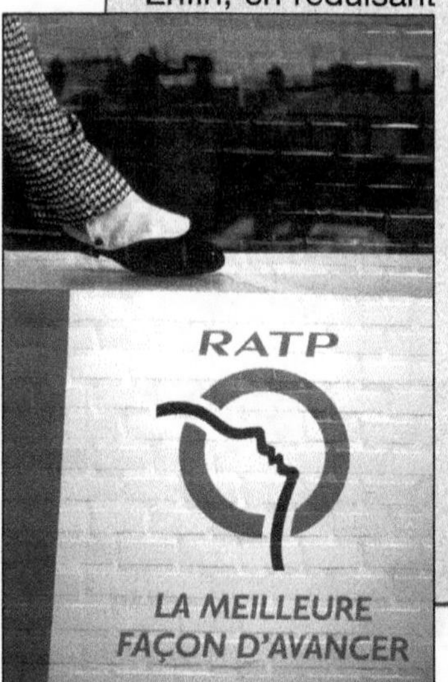

On peut vivre ainsi dans une ville plus humaine, plus propre, plus agréable.

Mais comment circuler sans voiture ? Les quartiers du centre sont souvent des quartiers où les commerces sont nombreux. Est-ce qu'on ne risque pas de voir ces quartiers se vider et les commerces péricliter ? Est-ce que Paris ne va pas devenir une ville interdite ? On ne travaillera plus à Paris, on viendra y faire la fête, se promener sur des quais de Seine déserts, dans un Paris libéré de la voiture.

Une telle décision se heurtera sans doute à une opposition violente de la part de certains et il faudra, en vérité, beaucoup de temps pour convaincre tous les habitants que la marche à pied, le vélo, le roller et les transports en commun peuvent remplacer avantageusement la voiture.

VOCABULAIRE 2

- **pertinent(e)** : sage, sensé(e), intelligent(e).
- **un(e) citadin(e)** *(n. et adj.)* : habitant d'une ville.
- **engendrer** : causer, créer, produire.
- **la nuisance** : ensemble de facteurs (bruits, dégradations, pollutions, etc.) qui sont mauvais pour la qualité de la vie.
- **péricliter** : aller à sa ruine.

GRAMMAIRE 2

- **Attention aux connecteurs logiques de l'argumentation.**

Et tout d'abord : marque le début d'une série, ici une série d'arguments = en premier lieu, avant toute chose.

En outre : marque une addition.

Enfin : sert à conclure.

En vérité : assurément, certainement ; renforce une affirmation.

ACTIVITÉS DE COMPRÉHENSION ÉCRITE SUR LE TEXTE

A – Compréhension globale

1 ***Toutes les capitales européennes ont interdit le centre-ville aux voitures.***

❐ vrai ❐ faux

2 ***Reprenez les différents arguments pour un centre ville sans voiture.***

B – Compréhension détaillée

1 ***Quels sont les moyens de transport qui pourraient remplacer la voiture ?***

....

2 ***Qui peut s'opposer à la décision d'interdire le centre-ville aux voitures ?***

....

ACTIVITÉS LINGUISTIQUES

VOCABULAIRE

1 ***Le mot** « stress » **est un anglicisme. Quel est le sens précis de ce mot ?***

2 ***Quel est l'adjectif qui désigne une zone entièrement consacrée aux** piétons ?*

Une zone ....

3 ***Expliquez comment sont formés les adverbes :** efficacement **et** avantageusement.*

GRAMMAIRE

1 ***Présentez trois arguments contre l'interdiction des voitures dans le centre-ville et organisez-les en utilisant des connecteurs logiques.***

2 ***Rétablissez l'ordre logique des phrases suivantes :***

a) Enfin le rythme de la marche est favorable à la réflexion. Tout en marchant, on pense, on rêve, on imagine, on invente.

b) Tout le monde le dit : il faut marcher. D'accord ! Mais pourquoi ?

c) Ensuite la marche contribue à l'assainissement de l'air. Quand on marche, on laisse sa voiture au garage.

d) Alors, sautez dans vos chausssures et marchez !

e) Tout d'abord, la marche est bonne pour la santé. Elle active la circulation du sang et calme les tensions.

POUR EN SAVOIR PLUS...

Tout le monde à vélo ?

Le vélo coûte bien moins qu'une voiture et il est moins cher aussi que les transports en commun. Il prend peu de place pour circuler et stationner. Il est bon pour la santé, il favorise le lien social ; il est silencieux et, surtout, il ne pollue pas. Par ailleurs, aux heures de pointe, il est plus rapide que les voitures qui sont prises dans les embouteillages.

Pourtant, son utilisation reste limitée.

Les raisons invoquées sont les trop longues distances à parcourir (22 %), le manque de forme physique (21 %), la peur de se faire renverser (11 %), le besoin d'emmener des passagers (8 %) et sans doute aussi les conditions climatiques parfois difficiles (pluie, neige, vent).

Malgré tout, il bénéficie d'une bonne image dans l'opinion. Il est considéré comme le moyen de transport le plus respectueux de l'environnement (62 %), loin devant la voiture électrique et le bus, et comme celui qui est appelé à se développer.

Cependant, quand on interroge les Français sur les moyens de transport qu'ils utilisent, c'est la voiture qui arrive en tête (84 %), devant la marche (45 %), les transports publics (24 %) et le vélo (14 %).

C'est moins bien qu'à Amsterdam, à Copenhague, ou à Ferrare, en Italie.

VOCABULAIRE 3

• **les heures de pointe** : période où le nombre des voyageurs utilisant un moyen de transport est le plus élevé.
*Dans le métro, **les heures de pointe** se situent entre 7 h et 8 h du matin et entre 6 h et 7 h du soir. Vers 10 ou 11 h du matin, ce sont les **heures creuses**.*
• **invoquer** : faire appel à..., donner comme justification.
*Pour expliquer la fermeture de son usine, le directeur **a invoqué** la crise économique.*
• **un passager** : une personne transportée à bord d'un avion, d'un bateau, d'une voiture et qui ne conduit pas.
*Le bateau a fait escale dans un port et **les passagers** sont descendus pour visiter la ville.*
• **l'environnement** : le milieu. Les choses qui vous entourent. (À ne pas confondre avec **l'entourage**, qui désigne les personnes qui nous entourent.)

GRAMMAIRE 3

• **Attention à tous les termes qui marquent l'opposition.**
Pourtant : *Le vélo offre de nombreux avantages, **pourtant** il est peu utilisé.*
Malgré tout : malgré cela, quand même. *La voiture pollue, elle reste **malgré tout** le moyen de locomotion le plus employé.*
Cependant : *Les Français aiment le vélo ; la voiture reste **cependant** leur moyen de locomotion favori.*

PRODUCTION ÉCRITE

■ 1 ■ ***Êtes-vous d'accord pour qu'on interdise les voitures dans les centres-villes ? Justifiez votre réponse. Donnez vos raisons.***

■ 2 ■ ***Quel est votre moyen de locomotion préféré ? Trouvez et donnez les arguments pour nous persuader que c'est le meilleur.***

■ 3 ■ ***Marche à pied, vélo, rollers ! À qui sont réservés ces modes de déplacement en ville ?***

Plaisir de Lire...

Venus des quatre coins d'Paris
Vous voilà ce soir réunis
Mesdam' Messieurs, bonsoir à vous
C'est gentil d'être venu chez nous
Chacun du mieux qu'il a pu
À pris un fiacre ou l'autobus.
Certains sont venus en auto
Beaucoup d'autr's ont pris le métro
Moi, je suis venu à pied
Doucement sans me presser
J'ai marché à pied, à pied...

Je suis venu à pied, *Paroles et musique de Francis Lemarque.*

ET TOURNENT LES AILES !

■ **OBJECTIFS FONCTIONNELS :** Identifier un texte – Repérer le thème général du texte – Comprendre l'organisation d'un document.

■ **LEXIQUE :** Le moulin à vent, le vent, l'air, l'éolienne, une centrale électrique.

■ **GRAMMAIRE :** Les connecteurs logiques dans un texte argumentatif – La place du sujet dans la phrase.

■ ***Commentez cette photo. Que voyez-vous ? Des sculptures modernes, des éoliennes, des puits de pétrole ? Cette photo vous plaît-elle ?***

VOCABULAIRE 1

- s'élever, souffler, tourner – donner, produire.
- l'air, le vent, l'énergie, les pales, une hélice, une tour, l'électricité, une éolienne, éolien(ne).

DOCUMENT 1

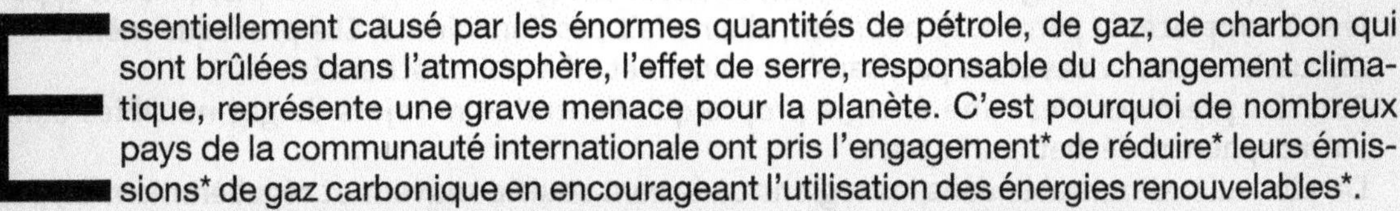

Luttons contre le changement du climat, luttons contre l'effet de serre !

Essentiellement causé par les énormes quantités de pétrole, de gaz, de charbon qui sont brûlées dans l'atmosphère, l'effet de serre, responsable du changement climatique, représente une grave menace pour la planète. C'est pourquoi de nombreux pays de la communauté internationale ont pris l'engagement* de réduire* leurs émissions* de gaz carbonique en encourageant l'utilisation des énergies renouvelables*.

* **prendre l'engagement** : promettre.
* **réduire** : abaisser, diminuer.
* **une émission** : une production.
* **énergies renouvelables** : énergies qui proviennent de sources naturelles qui ne s'épuisent pas (soleil, vent, marée).

■ ***Qu'est-ce qui provoque le changement climatique ?***

■ ***Comment les pays vont-ils lutter contre l'effet de serre ?***

DOCUMENT 2

L'énergie éolienne, un choix de société !

La production d'électricité à partir d'énergie éolienne* a connu ces dernières années un développement important en Europe. En France, cette source d'électricité est assez mal connue. Toutefois, l'énergie éolienne est devenue une priorité* sur le plan national ; en effet, grâce à elle on pourra lutter contre le changement climatique, épargner* des ressources qui peuvent s'épuiser* et créer de l'activité économique et de l'emploi.

* **l'énergie éolienne** : l'énergie du vent.
* **une priorité** : un élément qui passe en premier par ordre d'importance, une urgence.
* **épargner** : économiser.
* **s'épuiser** : se vider, disparaître.

■ ***Est-ce que l'énergie éolienne est aussi développée en France que dans les autres pays européens ?***

■ ***Quels sont les trois bénéfices de l'énergie éolienne ?***

GRAMMAIRE 1

- **Attention aux adverbes suivants :**

C'est pourquoi : exprime une conséquence qui explique = c'est la raison pour laquelle… *L'effet de serre est un danger pour tous les hommes, **c'est pourquoi** les gouvernements ont décidé d'agir.*
En effet : exprime la cause, une cause détaillée. *Les gouvernements ont décidé d'agir ; **en effet**, le changement climatique représente un danger de plus en plus grand pour tous les hommes, pour la planète entière.*
Toutefois : exprime une opposition. *Le danger est grand, **toutefois** on peut trouver des solutions.*

Éole ! Éole ! Éoliennes !

L'énergie éolienne, qui utilise la force des vents pour fournir de l'électricité, a bonne réputation. Elle fait partie des énergies renouvelables, comme l'énergie solaire par exemple, qui sont appelées à remplacer le pétrole. Et pourtant, elle ne fait pas l'unanimité. Elle provoque même des discussions assez vives entre partisans convaincus et adversaires acharnés.
Pour les premiers, c'est une énergie propre qui n'entraîne ni rejets de gaz nuisibles dans l'atmosphère ni déchets sur la terre.
De plus, elle est rentable dans les régions où le vent souffle souvent et régulièrement et, par ailleurs, la fabrication des éoliennes peut être source de création d'emplois. Dernier argument, ces éoliennes, disent-ils, se présentent aujourd'hui comme des structures légères et élégantes.
Les seconds reconnaissent, bien sûr, la qualité essentielle de l'énergie éolienne, celle d'être une énergie propre, mais ils reprochent aux éoliennes d'être souvent trop grandes (60 mètres de haut) par rapport à la taille des paysages et très bruyantes (souffle du vent dans l'hélice, grincement du mécanisme).
Ils n'oublient pas non plus les effets de l'éolienne sur les oiseaux qui viennent s'écraser sur leur hélice. Ils soutiennent aussi que l'implantation des fermes éoliennes détruit parfois des vestiges archéologiques.
Enfin, ces structures très hautes peuvent représenter un danger de cassure et donc d'accident pour les hommes.
Les partisans opposeront à ces arguments qu'on peut trouver une solution à tous ces inconvénients ; il n'en reste pas moins que les éoliennes constituent aujourd'hui un sujet de discorde dans beaucoup de régions françaises.

VOCABULAIRE 2

- **l'unanimité** : l'accord de tous.
- **acharné(e)** : déterminé, volontaire.
- **rentable** : qui donne un bénéfice, un gain financier, qui peut rapporter de l'argent.
- **un déchet** : un résidu, un reste inutilisable et polluant d'une matière.
- **une implantation** : une installation.

GRAMMAIRE 2

- **Attention aux connecteurs logiques de l'argumentation.**

Et pourtant : marque l'opposition. *L'énergie éolienne est utile,* ***et pourtant*** *elle est contestée.*
De plus : marque une addition = en outre. *L'énergie éolienne est une énergie propre,* ***de plus*** *elle est rentable.*
Par ailleurs : d'un autre côté, à un autre point de vue. *Les éoliennes sont rentables,* ***par ailleurs*** *elles sont belles.*
Bien sûr : assurément, certes. Ces expressions marquent la concession. On dit qu'on est d'accord pour rejeter ensuite la thèse de l'autre. ***Bien sûr, c'est vrai****, l'énergie éolienne ne pollue pas l'atmosphère,* ***mais*** *elle provoque une pollution visuelle et auditive.*

ACTIVITÉS DE COMPRÉHENSION ÉCRITE SUR LE TEXTE

A – Compréhension globale

1 ***L'énergie éolienne est :***

❒ a) une énergie qui pollue ❒ b) une énergie propre

2 ***Elle fait l'unanimité. Elle est acceptée par tout le monde. Elle n'a que des partisans.***

❒ vrai ❒ faux

3 ***Classez en deux colonnes les arguments qui semblent être « pour » et les arguments qui semblent être « contre » l'énergie éolienne.***

B – Compréhension détaillée

1 ***Quels sont les inconvénients du pétrole ?***

....

....

2 ***Lisez attentivement le texte et dites qui sont*** *« les premiers »* ***et qui sont*** *« les seconds ».*

....

....

ACTIVITÉS LINGUISTIQUES

VOCABULAIRE

1 ***Cherchez dans un dictionnaire le sens du mot*** *« nuisible » :*

....

2 ***Remplacez les adjectifs soulignés par des noms en faisant les transformations nécessaires.***

On admire ces structures <u>légères</u> et <u>élégantes</u>.

→ ....

GRAMMAIRE

1 ***Complétez ce texte par les mots suivants :*** *certes, donc, en outre, par ailleurs, (et) pourtant.*

Le pétrole est la principale source d'énergie dans notre monde, ..., mais il pollue en rejetant des gaz dans l'atmosphère ; .... les experts nous annoncent qu'il sera bientôt épuisé. Nous devrions .... chercher à utiliser d'autres sources d'énergie. Ces énergies existent, elles sont renouvelables et .... elles sont propres ; .... la France reste encore loin derrière les autres pays européens dans l'utilisation qu'elle fait de ces énergies.

POUR EN SAVOIR PLUS...

Vive le vent !

Les mots « éolien, éolienne » viennent d'Éole, le nom du maître des vents qui apparaît dans l'*Odyssée* d'Homère et qui aide Ulysse.
Il y a longtemps que le vent aide les hommes dans leurs différents travaux. Il fait avancer les bateaux en soufflant dans les voiles, il est utilisé pour faire tourner une meule et moudre les grains de blé.
Ainsi, c'est vers le XIIe siècle qu'apparaissent en Europe les premiers moulins à vent qui, au début, servaient à remplacer les animaux pour pomper l'eau ou faire tourner la meule. De progrès en progrès, on a vu les moulins à vent se transformer peu à peu en éoliennes qu'on installe aujourd'hui un peu partout en Europe et dans le monde, comme le montre le tableau ci-dessous.

Puissance éolienne installée dans le monde à la fin de 2000 (en MW : mégawatts)

Allemagne	5432	Belgique	13
Danemark	2281	Autres pays européens	62
Espagne	2235	Union européenne	11930
Pays-Bas	444	Total Europe	11992
Royaume-Uni	392	États-Unis	2568
Italie	350	Canada	140
Suède	231	Total Amérique du Nord	2708
Grèce	189	Inde	1150
Portugal	100	Chine	302
Irlande	86	Total Asie	1616
France	***69***	Reste du monde	301
Autriche	61	Total mondial	16617

VOCABULAIRE 3

- **différent(e)** : attention au sens de cet adjectif. Placé avant le nom comme ici, il signifie : **varié(e)**, **nombreux**. Placé après le nom il est le contraire de : **même**.
*J'ai visité **différentes** capitales, j'ai visité de nombreuses capitales, des capitales variées.*
Mais : *Les villes européennes sont **différentes** des villes américaines = les villes européennes ne sont pas comme les villes américaines.*
- **moudre** : écraser des grains avec une meule.

GRAMMAIRE 3

- **Attention** : l'ordre habituel de la phrase française est : *sujet, verbe, complément*. Le sujet est placé **avant** le verbe. Mais il arrive parfois que le sujet soit placé **après** le verbe. Voici deux exemples.

1. Quand la phrase commence par un complément de temps :
*C'est **vers le XIIe siècle** qu'apparaissent **les premiers moulins à vent**.*
On peut dire aussi : *C'est vers le XIIe siècle que les premiers moulins à vent apparaissent.*

2. Après une conjonction de comparaison :
*On installe des éoliennes un peu partout en Europe et dans le monde **comme le** montre **le tableau** ci-dessous.*
On peut dire aussi : *On installe des éoliennes un peu partout en Europe et dans le monde comme le tableau ci-dessous le montre.* (La phrase est moins élégante du point de vue du rythme.)

PRODUCTION ÉCRITE

1 ***Êtes-vous pour ou contre les éoliennes? Justifiez votre réponse.***

2 ***Connaissez-vous d'autres sources d'énergie renouvelables? Montrez leurs avantages et leurs inconvénients.***

3 ***Observez le tableau ci-contre: que pensez-vous de la place de la France et de votre propre pays dans ce tableau? Si votre pays n'y figure pas, renseignez-vous.***

Plaisir de Lire...

Vent frais, vent du matin
Vent qui souffle au sommet des grands pins
Joie du vent qui souffle
Allons dans le grand vent frais
Vent du matin

Vieille chanson française.

AUTO ÉVALUATION 5

Maintenant, vous savez...

1 ■ Repérer le but d'un document

Exercice 1 : *Ce document veut prouver :*

> *Écrasez votre cigarette avant qu'elle ne vous écrase ! En effet, une cigarette, c'est six minutes de vie en moins. Pourquoi ? Parce que la cigarette accélère les battements de votre cœur, qu'elle bouche vos vaisseaux, qu'elle encrasse vos poumons. Donc, si vous ne voulez pas voir votre vie partir en fumée, éteignez votre cigarette !*

❒ a) que la cigarette n'est pas dangereuse
❒ b) qu'elle est inutile
❒ c) qu'elle peut faire beaucoup de mal

Exercice 2 : *Relevez les connecteurs logiques de ce texte.*

Exercice 3 : *Quels sont les autres moyens utilisés pour convaincre ? (Observez les formes verbales, les pronoms personnels, les adjectifs possessifs.)*

Bonnes réponses : 5 points

2 ■ Découvrir le déroulement d'une argumentation

Exercice 4 : *Lisez attentivement ce document...*

> **Il est essentiel, pour la satisfaction de tous, de construire de plus en plus de pistes cyclables. Pourquoi ?**
> **Tout d'abord, parce qu'en assurant aux usagers une plus grande sécurité on leur permet d'abandonner la voiture au profit de la bicyclette et ainsi de voir diminuer la pollution de l'air.**
> **Ensuite, en multipliant le nombre de cyclistes, on diminue les nuisances sonores. Plus de moteurs pétaradants, plus de klaxons, plus de coups de frein bruyants.**
> **Enfin, on offre à ceux qui le désirent un terrain de pratique sportive quotidienne.**

… Et cochez les quatre raisons qui justifient, dans le document, la construction des pistes cyclables.

❒ **a)** le plaisir de la promenade
❒ **b)** la rapidité des déplacements
❒ **c)** la sécurité
❒ **d)** la possibilité de rouler loin des autobus
❒ **e)** la diminution de la pollution
❒ **f)** la diminution du bruit
❒ **g)** la possibilité de faire de l'exercice

Exercices 5 : *Relevez les connecteurs chronologiques qui permettent de suivre le raisonnement.*

Bonnes réponses : 3,5 points

3 ■ Découvrir les « pour » et les « contre »

Exercice 6 : *Lisez attentivement ce texte et replacez correctement les expressions et les mots suivants : de plus, donc, en effet, pour les uns, pour les autres.*

Que penser des médecines alternatives ou « douces » ? Deux thèses s'opposent.

.................., ce sont des médecines qui soignent le corps avec douceur, sans l'agressivité, sans les effets secondaires gênants, parfois même dangereux des médicaments que la médecine officielle prescrit ; ...., elles le font avec efficacité.

.................., cette efficacité n'est pas prouvée. Aucune étude scientifique n'a démontré que ces médecines agissaient sur des maladies graves. ...., même si les patients semblent satisfaits, c'est parce que, dans la plupart des cas, ces médecines ne soignent que des maladies bénignes, sans gravité, qui apparaissent et disparaissent souvent spontanément. ...., on peut penser que cette efficacité, si elle existe, ne peut être que limitée.

Bonnes réponses : 2 points

4 ■ Trouver les points essentiels d'une argumentation

Exercice 7 : *Résumez en quelques mots le document suivant.*

De nombreux écologistes se battent pour que les énergies propres, les énergies qui ne polluent pas l'atmosphère (énergie solaire, énergie éolienne, énergie hydraulique), remplacent peu à peu l'énergie atomique et l'énergie fossile (l'énergie produite par le pétrole ou le charbon). Ils démontrent que les énergies fossiles entraînent le réchauffement climatique ; ils affirment que la planète est en danger et qu'il faut prendre dès maintenant les mesures nécessaires si on ne veut pas voir se produire une catastrophe planétaire.

Bonnes réponses : 4 points

5 ■ Comprendre ce qui est dit

Exercice 8 : *Reliez un élément du groupe A à un élément du groupe B de manière à obtenir des phrases logiques.*

A

1. Bien que l'énergie produite par les éoliennes plaise à beaucoup de gens,
2. On dit que les médecines douces sont inefficaces,
3. Tout le monde sait que la voiture pollue,

B

a) et pourtant les patients sont satisfaits.
b) mais personne ne veut l'abandonner.
c) on en voit très peu dans le paysage.

Bonne réponse : 1,5 points

6 ■ Reconnaître le vocabulaire de l'argumentation

Exercice 9 : *Chassez l'intrus.*

Argumenter, démontrer, indiquer, marcher, décider, prouver.

Bonne réponse : 1 point

7 ■ Reconnaître le vocabulaire de l'opposition, de la concession

Exercice 10 : *Chassez l'intrus.*

Après, certes, cependant, mais, pourtant, toutefois.

Bonne réponse : 1 point

8 ■ Repérer les termes qui appartiennent au même domaine

Exercice 11 : *Associez les mots qui vont ensemble.*

1. médecine	**a)** pollution et bruit
2. éolienne	**b)** ville
3. citadin	**c)** soins
4. nuisances	**d)** vent

Bonnes réponses : 2 points

COMPTEZ VOS POINTS

Vérifiez les bonnes réponses dans le corrigé page 125.
***Vous avez plus de 15 points** : C'est magnifique ! Vous finissez en beauté cet ouvrage. Prêt(e) pour la suite ?*
***Vous avez entre 15 et 10 points** : Bien, bien, bien !*
***Vous avez moins de 10 points** : Ce n'est pas grave, mais attention, vous devez revoir certaines notions, certaines règles. Lisez et relisez les textes, utilisez le dictionnaire si vous ne comprenez pas tout, et bon courage !*

CORRIGÉS

UNITÉ 1

• LEÇON 1 - PAGE 8

Ouverture: C'est un « chef » cuisinier. Il tient un trophée à la main. Il a gagné le prix de meilleur cuisinier de France pour l'année en cours. Il a fait un plat qui lui a valu ce prix.

PAGE 9

Document 1

L'alimentation des Français est assez équilibrée: céréales, fruits, légumes; ils ont diminué leur consommation de viande et de sucre.

Document 2

Par exemple: À cause d'une alimentation déséquilibrée. Les fruits et les légumes et la viande coûtent plus cher que les féculents (pâtes, pommes de terre, riz...).

PAGE 11

Activités de compréhension écrite

A1 = c)
B1 = Plutôt la critique (choquant) – **B2** = Conseil (Il est préférable...), ordre (Vous devez attendre...) et dissuasion (Évitez le saumon d'élevage, nous vous déconseillons le sel ordinaire...)

Activités linguistiques

Vocabulaire

1. a) chef = grand cuisinier – **b)** chanter = grésiller – **c)** cordon bleu = habiles cuisinières – **d)** 3.
2. La multiplication des émissions consacrées aux recettes de cuisine peut paraître choquante.

Grammaire

1. Prenez – pelez-la – émincez-la – Coupez – écrasez-le – ajoutez-y – N'utilisez pas – ne salez pas trop, poivrez et servez.

PAGE 12

Pour en savoir plus

Le roi: Quatre repas par jour (petit-déjeuner, déjeuner, collation, souper) – Le vendredi était un jour « maigre » où il était interdit de manger de la viande – Non, il préférait les fruits aux légumes.
Les paysans: Tout dépendait du climat – frugale, simple, pauvre.

• LEÇON 2 - PAGE 14

Ouverture: On peut voir là plusieurs tournevis, deux marteaux à long manche, des vis, des clous, une boîte à outils, une perceuse et une scie.

PAGE 15

Document 1

Monsieur Bricolage n'existe pas. C'est le nom de l'entreprise de bricolage. – plaisir de créer, réparer, aménager, astuces pratiques.

Document 2

Le document fait plutôt appel à la sensibilité: faire plaisir, il s'en souviendra... – Les deux documents proviennent de Monsieur Bricolage, proposent des conseils et mettent l'accent sur le plaisir de bricoler.

PAGE 17

Activités de compréhension écrite

A1 = Un mode d'emploi (il ne s'agit pas de cuisine, on y trouve des fournitures et non pas des ingrédients) – **A2** = À des adultes.
B1 = Ils servent à noter ce qu'il faut faire – **B2** = On demande un morceau de contreplaqué, de la peinture, des attaches...

Activités linguistiques

Vocabulaire

1. a) Nous allons commencer par la fabrication d'une étagère – **b)** L'application de plusieurs couches de peinture n'est pas toujours facile.
2. *Par exemple:* **a)** Nous vous proposons de réaliser vous-même un petit bureau. **b)** Je vous conseille de vous adresser au rayon électricité. **c)** Je vous recommande de faire bien attention.
3. une proposition, un conseil, une recommandation.

Grammaire

1. Des verbes au présent: nous vous proposons, nous vous conseillons, nous vous recommandons; un verbe au futur: vous appliquerez; deux expressions d'ordre: vous devez vous procurer, il faut poncer; un infinitif: appliquer; deux impératifs: vissez, accrochez.

• LEÇON 3 - PAGE 20

Ouverture: Le texte insiste sur le fait qu'à toute heure du jour et de la nuit, vous pouvez être en contact avec votre banque.

PAGE 21

Document 1

Il essaie de persuader le lecteur (vous souhaitez, vous pouvez...) – Vous pouvez économiser en mettant de l'argent de côté pour vos enfants, en souscrivant à un CODEVI, en prenant une assurance pour vos vieux jours. – naissance, vie active, retraite/décès.

PAGE 23

Activités de compréhension écrite

A1 = Les conseils sont utiles
B1 = Oui, il est préférable de les respecter, ils sont tous utiles – **B2** = Les deux derniers conseils – **B3** = Pour pouvoir voter au cours de l'année.

Activités linguistiques

Vocabulaire

1. une habitation, un logement, un domicile, une adresse. **2.** c. **3.** déménager = quitter son ancien logement, emménager = s'installer dans son nouveau logement, aménager = arranger, décorer.

Grammaire

1. = Penser – Faire transférer – Faire assurer – Ne pas oublier d'informer.

PAGE 24

Pour en savoir plus

D'un côté des constructeurs et des distributeurs... – De leur côté, les banques...
Cette opération permettra aux étudiants d'acheter un ordinateur portable à 1 euro par jour, c'est-à-dire au prix d'un café. Votre banque vous donne un coup de pouce – des conditions avantageuses, particulièrement intéressantes.

PAGE 25

Production écrite

1. *Par exemple:* pour aider les étudiants à s'initier à l'informatique, pour les responsabiliser, pour les inciter à rendre des travaux tapés et non manuscrits.

AUTOÉVALUATION 1 - PAGES 26-27-28

exercice 1: c; **exercice 2:** c; **exercice 3:** par exemple, « Une expérience à l'étranger est toujours un avantage » ou « Comment tirer parti d'un séjour à l'étranger? » « Comment préparer un stage à l'étranger? »; **exercice 4:** faire toutes les démarches administratives nécessaires et se préparer linguistiquement; **exercice 5:** l'allemand; **exercice 6:** c; **exercice 7:** cuisine = casserole, ingrédients, menu, plats, ustensiles; bricolage = chignole, marteau, outils, tournevis, scie; **exercice 8:** banque = déposer, épargner, gérer, verser; cuisine = confectionner, mélanger, préparer, verser – Verser a deux sens différents; **exercice 9:** ordre = Avant de monter dans le train, n'oubliez pas de composter votre ticket – Éteignez vos portables; conseil, proposition = Voulez-vous... – Nous vous invitons; **exercice 10:** ordonner, recommander, conseiller; **exercice 11:** Prendre – y mettre – mélanger – les battre – verser – faire cuire – le sortir – le laisser refroidir.

UNITÉ 2

• LEÇON 4 - PAGE 30

Ouverture: Au Moyen Âge, les rues étaient étroites, assez sales, bordées de maisons étroites aussi. Les commerces étaient à l'air libre, il n'y avait pas de trottoir. Aujourd'hui, la même rue est un peu plus large, il y a des trottoirs et les magasins ne sont plus à l'air libre.

PAGE 31

Document 1

En 1921 (2906472 habitants) – Le prix des appartements a beaucoup augmenté; il y a de plus en plus de bureaux; les Français veulent des logements plus grands.

Document 2

jeune – gros – rouge – court – étroit – clair – riche – pauvre.

PAGE 33

Activités de compréhension écrite

A1 = c'est une personne âgée (déjà adulte en 1962) – **A2** = la soupe à l'oignon à l'aube aux Halles, c'était un peu la vie de bohème – **A3** = dans les deux textes, on parle de la transformation de Paris et surtout de son embourgeoisement – **A4** = Paris est plus beau, plus clair, plus propre mais moins sympathique, plus bourgeois.
B1 = c'est un homme (arrivé) – **B2** = Paris était devenu trop cher pour eux.

Activités linguistiques

Vocabulaire

1. bateau – **2.** naguère.

Grammaire

1. a) on = mes amis et moi – **b)** on = la municipalité, les pouvoirs publics – **c)** on = nous, les Parisiens.

2. L'auteur explique que, depuis son arrivée à Paris, il a vu les quartiers se transformer peu à peu et le sien s'embourgeoiser.

PAGE 34

Pour en savoir plus

1. Les forces de police peuvent plus facilement contrôler les mouvements populaires si les rues sont larges et droites.
2. En 1859, les villages autour de Paris lui ont été rattachés.

• LEÇON 5 - PAGE 36

Ouverture : On voit une grande usine sur une île entourée d'arbres, il s'agit de l'usine Renault.

PAGE 37

Document 1

Louis Renault était un constructeur d'automobiles. C'est lui qui a fondé les usines Renault. – En 1920, c'est encore une île très verte, « un îlot de verdure ». En 1928, Louis Renault y installe ses usines.

Document 2

Ils peuvent ressentir de la mélancolie, de la nostalgie et de la tristesse.

PAGE 39

Activités de compréhension écrite

A1 = faux – **A2** = déserte, abandonnée, silencieuse – **A3** = des crèches, des haltes garderies, des écoles et un collège, deux gymnases, une cité des sciences – **A4** = Oui, la population de Boulogne Billancourt continue à s'interroger, (tout le monde se demande si).
B1 = à remplacer l'ancienne façade des usines Renault – **B2** = quatre – **B3** = 12 ou 13 000.

Activités linguistiques

Vocabulaire

1. vivant et bruyant.
2. inhabité.
3. ... pour construire un mur.
4. un salaire : somme versée régulièrement (chaque mois, en général) pour un travail – un salarié : un employé payé régulièrement.

Grammaire

1. a) Tout le monde demande qui c'est. – **b)** Il m'a demandé si j'avais mon ticket. – **c)** Pierre a demandé où nous irons pendant les vacances – **d)** Il a voulu savoir combien d'habitants il y a à Paris.

• LEÇON 6 - PAGE 42

Ouverture : Il y a cent ans, les Halles étaient en plein centre de Paris. Les rues autour du marché étaient étroites, toujours encombrées de charrettes, de marchandises. L'hygiène n'était pas excellente. Actuellement, les Halles sont à Rungis, en banlieue parisienne, elles sont ultramodernes, informatisées et elles sont à la pointe du progrès en matière sanitaire.

PAGE 43

Document 1

Une construction qui permet de protéger les marchandises. – La Tour Eiffel – Les Halles sont en plein centre de Paris ; c'est aux Halles que l'on peut acheter tout ce qui se mange.

Document 2

Ils sont excellents, les produits sont tous frais et de première qualité – *Un Américain à Paris*, par exemple ou certains films de Woody Allen.

PAGE 45

Activités de compréhension écrite

A1 = **a)** F – **b)** F – **c)** V – **d)** F (quatre **équipes** d'architectes) – **A2** = a) – c) – e) et peut-être d).
B1 = C'est en plein cœur de Paris, il y a des étalages, des terrasses de café et peu de places de stationnement – **B2** = Beaucoup de lignes de métro et de RER arrivent aux Halles et cela attire beaucoup de personnes pas toujours bien intentionnées.

Activités linguistiques

Vocabulaire

1. le public = les gens auxquels on s'adresse.
2. Si je dis « le moins audacieux », c'est une critique.
3. probablement, vraisemblablement.

Grammaire

1. L'objectif est la mise en valeur – L'objectif est l'amélioration de l'accès du public – L'objectif est la réduction du trafic automobile.
2. faute de – à cause de – grâce à – faute de.

PAGE 46

Pour en savoir plus

a) 8 – **b)** 3 – **c)** 2.
Non, (des quatre coins de la France et au-delà) Aux portes de Paris : moins de 40 km

AUTOÉVALUATION 2 - PAGES 48-49-50

exercice 1 : un bouquiniste, un touriste, un parapluie ; **exercice 2 :** les phrases dont le verbe est à l'imparfait sont descriptives, celles dont le verbe est au passé composé sont narratives; **exercice 3:** lieu: sous, au milieu de, à l'extrémité de, sur, derrière – temps: le soir, au printemps; **exercice 4:** la population parisienne a diminué, a baissé; Paris a perdu près de 700 000 habitants en 50 ans; **exercice 5:** L'arbre à gauche – est amarrée près du quai – Sous – Au loin, derrière le pont – Au-dessus des maisons – C'est l'été; **exercice 6:** Il fait nuit – Les lampadaires sont allumés – rue étroite, sans arbres – petite voiture – gens de classe moyenne – Il n'y a pas d'ouvriers – Il n'y a pas d'autres voitures; **exercice 7:** travaillaient – sortaient – relie/reliait – passaient – donnaient – est – fabrique – s'était arrêtée.

UNITÉ 3

• LEÇON 7 - PAGE 52

Ouverture: Des étudiants sont devant la porte de l'université. Ils sortent de leurs cours.

PAGE 53

Document 1

a) Faux – **b)** Faux – Ton familier, impératif, convaincant.

Document 2

a) – c)

PAGE 55

Activités de compréhension écrite

A1 = a) – c) – e) – f)
B1 = a) – d)

Activités linguistiques

Vocabulaire

1. a) un studio – **b)** du courage
2. 1a) – 2b) – 3b)

Grammaire

1. a) Un étudiant égyptien a déposé hier matin ce dossier. – **b)** Le gouvernement accorde les bourses selon des critères sociaux et pédagogiques. – **c)** On exigera un visa de longue durée au moment de votre inscription.
2. a) refusée – acceptée **b)** obtenus **c)** obligés.

PAGE 56

Pour en savoir plus

a) vrai (Afrique + Maghreb) – **b)** faux (pas régulièrement) – **c)** faux (presque 1/3 mais pas plus d'1/3) – **d)** vrai (presque triplé entre 1998 and 2003)

Résumé: En Occident, il existe une concurrence pour attirer les meilleurs étudiants étrangers, surtout dans les domaines scientifiques, déficitaires. EDUFRANCE, créé en 1998, a réussi à faire passer le nombre des étudiants étrangers en France de 7 à 11 % en six ans (1998-2004).

PAGE 57

Production écrite

Lettre

Voici quelques informations concernant les démarches à effectuer pour s'inscrire dans une université française.

– Il s'agit d'une première inscription et vous n'êtes pas ressortissant de l'Union européenne. Vous devez donc faire une demande d'inscription préalable.

– Vous devrez aussi passer un examen pour évaluer votre niveau de français. Cet examen est assez difficile : essayez de suivre le maximum de cours de français à Séoul avant votre départ.

– Attention, vous devez impérativement aller au consulat de France dans votre pays et demander un visa « étudiant » de long séjour.

Cordialement.

• LEÇON 8 - PAGE 58

Ouverture: Je viens d'arriver à Paris. Je cherche une chambre ou un studio pas trop cher et pas trop loin de mon université.

Je regarderais les petites annonces dans les magasins, j'achèterais les journaux spécialisés, je demanderais à mes amis à la fac, je chercherais sur Internet, j'irais dans une agence immobilière.

PAGE 59

Document 1

B et C – Un charmant/ravissant/adorable/coquet deux pièces est petit.

– confort possible (cela veut dire qu'il n'y a pas de confort), grand potentiel (cela signifie que vous aurez tout à faire !), immédiatement

a) Faux (près de Montmartre) – **b)** Faux (animé) – **c)** Faux (confort possible) – **d)** Faux (quand il y a un ascenseur, l'annonce le précise).

Document 2

Tous ces articles concernent les difficultés des étudiants pour se loger à Paris.

Le titre E est le plus neutre.

PAGE 61

Activités de compréhension écrite

A1 = Les prix sont élevés. Il faut un garant français. Les propriétaires se méfient des étudiants. Le racisme existe. – **A2** = Non, c'est le point de vue de beaucoup de propriétaires. **B1** = Et enfin, on peut le déplorer [...] « bien de chez nous. » – **B2** = parce que les jeunes ne constituent pas vraiment une « race ».

Activités linguistiques

Vocabulaire

1. rendue, redonnée – **2.** déplorer – les pleurs – implorer – pleurnicher – pleurer; explorer – explorateur – exploration – **3.** l'intrus est loyal.

Grammaire

1. En effet – En effet – Par conséquent.
2. 1c – 2a – 3d – 4b.

PAGE 62

Pour en savoir plus

Non, la preuve en est que la Cité universitaire existe encore.
Il y a peu de places libres, donc on privilégie les étudiants « confirmés ».

• LEÇON 9 - PAGE 64

Ouverture: Quand on arrive dans une université pour la première fois, on est complètement perdu, c'est un vrai labyrinthe.

PAGE 65

Document 1

La salle A 211: bâtiment A, deuxième étage – La salle A 429: bâtiment A, quatrième étage – La salle B 314: bâtiment B, troisième étage – L'infirmerie est au rez-de-chaussée du bâtiment A.

Document 2

17 heures de cours.
Non: par exemple, le lundi est très chargé; le mercredi, il a un cours le matin et un cours en fin d'après-midi; le vendredi, il n'a qu'une heure de cours
Il peut aller chercher l'enfant le mardi, le jeudi ou le vendredi.

PAGE 67

Activités de compréhension écrite

A1 = **a)** Peut-être parce qu'elle se sentait très seule, qu'elle avait des problèmes de compréhension ou que les professeurs étaient sévères. – **b)** Elle a pensé que l'université n'était pas jolie et que c'était un peu « chaotique ». – **c)** Elle a constaté au premier cours qu'elle comprenait presque tout.
B1 = J'avais beaucoup pleuré, j'avais pleuré sans arrêt, sans cesse. – **B2** = tout = les études, le séjour en France. – **B3** = Elle n'était pas la seule étrangère.

Activités linguistiques

Vocabulaire

1. retourner
2. compréhensif: qui comprend, qui exprime de la compréhension ≠ compréhensible: possible ou facile à comprendre
3. discuter, c'est parler plus en profondeur, échanger des points de vue.

Grammaire

1. b) – e) – c) – a) – d) – f)
2. Prends ton courage à deux mains – Va vers les autres – Écoute les conseils de ton copain – Décide-toi – Continue tes études en France – Ne te décourage pas.

AUTOÉVALUATION 3 - PAGES 70-71-72

exercice 1: a) faux (il informe sur le prix de cette liberté) – **b)** vrai (en général, les étudiants n'ont pas de ressources, sont « non solvables ») – **c)** une caution = une garantie (de l'argent ou une personne); **exercice 2:** Comme ses deux colocataires viennent de partir, Samantha cherche deux autres filles pour partager son appartement. **exercice 3:** La phrase exacte est la phrase b: tous les parents avec ou sans carte de séjour peuvent inscrire leur(s) enfant(s) à l'école.; **exercice 4:** dans l'ordre: d'abord – bien entendu – également – ensuite – même si – en effet; **exercice 5:** 1859 : naissance de Jean Jaurès à Castres – 1885 : élection à l'Assemblée nationale – 1892 : grève des mineurs à Carmaux – 1893 : élection comme député de Carmaux – 1904 : fondation de l'Humanité – 1914 : assassinat de Jaurès – 1919 : acquittement de son meurtrier – 1924 : transfert des cendres de Jaurès au Panthéon; **exercice 6:** a) En 1914, Jaurès est assassiné parce qu'il milite contre la guerre – b) En 1914, Jaurès est assassiné car il milite contre la guerre; c) En 1914, Jaurès est assassiné: en effet, il milite contre la guerre – d) En 1914, Jaurès milite contre la guerre, c'est pourquoi il est assassiné.

UNITÉ 4

• LEÇON 10 - PAGE 74

Ouverture : Nous découvrons un bateau à rames, une caravelle de Christophe Colomb et un pétrolier. Le bateau à rames est une embarcation légère qui permettait sans doute aux hommes de pêcher ou d'explorer les rives. La caravelle de Christophe Colomb fait partie des trois bateaux qui l'ont conduit vers les rivages de Cuba et d'Amérique et le pétrolier sillonne aujourd'hui les mers pour livrer son chargement de pétrole dans tous les ports des cinq continents.

PAGE 75

Document 1

Il est très heureux de son choix (« en riant »).
Un espace grand comme un terrain de basket – berges inondées – l'eau qui gèle – le bateau qui bouge – les chutes dans l'eau.

Document 2

Apparemment pour le créateur du Guide du Routard, la difficulté a été de trouver un éditeur.
Voyager sans beaucoup de bagages, avec peu d'argent, sans souci.

PAGE 77

Activités de compréhension écrite

A1 = b) – **A2** = Non, l'itinéraire est déterminé à l'avance, il est très précis. – **A3** = souffrance, solitude, découragement mais aussi joie.
B1 = les Sables d'Olonne, en Vendée – **B2** = le départ et l'arrivée.

Activités linguistiques

Vocabulaire

1. les vagues, le golfe, les îles, l'océan, les côtes, les icebergs, le cap.
2. disqualifié = éliminé – qualifié – disqualification.
3. les Sables d'Olonne – le golfe de Gascogne – les îles Canaries – l'Océan Indien – l'Australie – l'Antarctique – le cap Horn – le Brésil – le cap Vert – les Sables d'Olonne.

Grammaire

1. Le 7 novembre 2004, Vincent Riou a quitté les Sables d'Olonne – il s'est retrouvé – il est passé – il est entré – il a aperçu – il a affronté – il a longé – il est passé – il a pris – il est arrivé – La dernière phrase ne change pas (c'est un commentaire).
2. Si vous ne respectez pas l'itinéraire précis, vous serez automatiquement disqualifié.

PAGE 78

Pour en savoir plus

L'Écosse, la Scandinavie, l'Angleterre.
Non, il était passager.
Le Tour du monde en 80 jours.
28 jours.

PAGE 79

Production écrite

3. Jules Verne est né le 8 février 1828 à Nantes. Le 10 janvier 1857, il se marie à Paris où il s'était installé dix ans auparavant. En 1861 est né son fils Michel. Entre 1863 et 1876, Jules Verne a écrit ses plus grands romans, par exemple *Les Enfants du capitaine Grant* (1865), *Vingt mille lieues sous les mers* (1869), *Le tour du monde en 80 jours* (1872), *L'île mystérieuse* (1874) ou *Michel Strogoff* (1876). Il est mort à Amiens en 1905.

• LEÇON 11 - PAGE 80

Ouverture : La photo représente un train différent des trains d'aujourd'hui. Il était sans doute moins rapide mais il pouvait se rendre aussi dans des pays lointains ; il a traversé la France, l'Europe et même peut-être est-il allé jusqu'à Vladivostok.

PAGE 81

Document 1

Ils voyagent sur le toit du train, le train franchit des rivières sur des ponts de bois étroits, des blocs de rochers peuvent tomber, il y a des ravins profonds, des animaux sauvages.

Document 2

Aucun.

PAGE 82

Activités de compréhension écrite

A1 = c) – **A2** = Chine du Nord, Mongolie, Sibérie, Russie.
B1 = Cela change avec le pays : chinoise puis mongole et enfin russe – **B2** = Ils boivent du thé, jouent aux cartes et aux échecs.

Activités linguistiques

Vocabulaire

1. un plateau : un espace plat entre deux sommets ; une steppe : une vaste étendue herbeuse ; une vallée : l'endroit où coule une rivière ou un fleuve ; une rive : le bord de la rivière ou du fleuve.

2. très triste ou excusez-moi.
3. exotisme = goût pour le lointain.
4. Je m'ennuie et m'endors devant la monotonie des paysages.

Grammaire

1. Plus tard, au lieu d'entrer à l'université, Nicolas Bouvier a préféré partir sur les grands chemins. Son père l'a encouragé. Son premier voyage, il l'a fait en compagnie d'un dessinateur, Thierry Vernet. De juin 1953 à décembre 1954, ils ont pris en voiture la route de l'Orient et sont allés de Genève à Ceylan.
2. Une vieille chemise bleue – des chaussures marron – une casquette blanc crème.

• LEÇON 12 - PAGE 86

Ouverture : Les handicapés aussi participent au marathon de Paris. Ils se regroupent dans une association, « Handi marathon ». Ils sont très heureux de participer à cette épreuve sportive.

PAGE 87

Document 1

Afin de montrer que c'est une association sérieuse, reconnue et sans but financier.
La différence ne sépare pas les gens. Handicapés et non handicapés sont ensemble.

Document 2

Une goélette = un bateau à voile élégant, léger et rapide. Cette invention « donne des ailes » aux personnes handicapées qui, au moins mentalement, deviennent légères et rapides comme une goélette.
Solide, énergique, gai, équilibré, attentif, respectueux.

PAGE 89

Activités de compréhension écrite

A1 = Oui (En France, on est loin du compte !) – **A2** = Pouvoirs publics : équipement dans les métros, les bus ; la voirie ; les installations dans les universités, dans les lieux publics.
Chacun d'entre nous : un regard différent ; l'indifférence ; l'impatience. – **A3** = Le ton est assez amer, désabusé. Estelle semble énergique, combative : elle ne veut pas renoncer.
B1 = Un bus qui est équipé d'une plate-forme mobile automatique pour que les fauteuils entrent dans les bus ou en sortent sans difficulté. Bien sûr, actionner ce mécanisme est un peu long.
B2 = L'ascenseur peut tomber en panne – vous ne pouvez pas écrire au tableau – c'est un travail trop fatigant pour vous – la cantine se trouve au dernier étage et il n'y a pas d'ascenseur. – **B3** = Ils aimeraient qu'on n'existe pas ou alors qu'on se cache. – **B4** = Laisser tomber, abandonner, renoncer (attention, *aller se faire voir* est une expression familière.)

Activités linguistiques

Vocabulaire

1. **a**) soutenu, familier, standard – **b**) standard, familier, soutenu – **c**) soutenu, familier, standard – **d**) un peu soutenu, standard, familier.
2. **a**) un trottoir – **b**) patienter – **c**) la considération.

PAGE 90

Pour en savoir plus

Abaissement des trottoirs – emplacements de stationnement – adaptation des stations de bus – amélioration de l'accessibilité dans les bus – aménagement d'une trentaine de taxis.
Ce sont des bandes en caoutchouc placées sur le sol et qui permettent aux aveugles ou malvoyants de se repérer en marchant dessus (par exemple, dans les métros, ces bandes indiquent au bord du quai la limite à ne pas dépasser).
1) Faux (une fois par mois) – **2**) Vrai (visites en langue des signes).
C'est difficile. Peut-être en cherchant des équivalences entre les couleurs et le toucher (doux, rugueux, satiné, chaud, froid…) ou en travaillant sur la sculpture.

AUTOÉVALUATION 4 - PAGE 92-93-94

exercice 1 : une jeune étudiante ; **exercice 2 :** dans la rue, entre la sortie du métro et son domicile ; le soir tard, à minuit et demi ; **exercice 3 :** le passé composé (il s'agit d'une suite d'actions) ; **exercice 4 :** des imparfaits pour les commentaires ; un plus-que-parfait (avaient organisé) – **exercice 5 :** b) ; **exercice 6 :** Un jour, ; **exercice 7 :** le passé simple, le temps habituel des récits, des contes ; **exercice 8 :** a) – e) – d) – c) – b) ; **exercice 9 :** dégueulasse ; c'est pour aujourd'hui ou pour demain ? ; ça a été le même cinéma ; **exercice 10 :** a quitté, agitaient, restaient, a regagné, a commencé, se sont mis, se sont endormis, rêvaient, laissaient/avaient laissé, allaient trouver ; **exercice 11 :** 1c – 2d – 3b – 4a.

UNITÉ 5

• LEÇON 13 - PAGE 96

Ouverture: On vend des produits biologiques. La dame a peut-être acheté des savons, des produits de beauté ou bien des légumes, du riz complet, des pâtes.

PAGE 97

Document 1

a) médecines douces (c'est le titre!) – **b)** un médicament – **c)** un traitement – **d)** une vogue

Les gens reprochent à la médecine classique d'être trop agressive et de ne pas considérer la personne comme un « tout »; ils reprochent aux médecins classiques leur arrogance.

Document 2

Il n'y a pas de faune ni de flore; on flotte comme un bouchon.

Thalassothérapie = applications de boue, massages sous l'eau; héliothérapie = exposition progressive au soleil.

PAGE 99

Activités de compréhension écrite

A1 = Parce que ce n'est pas démontré scientifiquement – **A2** = Pas exactement: elle recommande d'en étudier l'efficacité, et, si elles sont efficaces, de les intégrer dans les traitements.

B1 = Non (première phrase du texte) – **B2** = Un charlatan est une personne malhonnête qui fait croire quelque chose de faux à quelqu'un, qui ment, un engouement est le fait d'être enthousiaste pour quelque chose. – **B3** = Moraliser le secteur, séparer les gens honnêtes et les charlatans – **B4** = La seconde formule est moins nette, plus mesurée, plus prudente.

Activités linguistiques

Vocabulaire

1. a) méditation – **b)** patricien.
2. Ils demandent aux pouvoirs publics.

Grammaire

1. Si les médecins ne sont toutefois guère favorables dans l'ensemble à ces thérapies, ce n'est pas le cas des Français.
2. Les uns s'y opposent parce qu'ils estiment qu'elles ne sont pas validées scientifiquement. Les autres, en revanche, sont d'avis qu'il n'est peut-être pas inintéressant d'associer médecine classique et médecines alternatives.
L'OMS leur donne raison. En effet, elle recommande d'étudier les résultats de ces médecines « douces » et si elles s'avèrent efficaces, de les intégrer aux traitements. Quant aux Français, ils les plébiscitent.

PAGE 100

Pour en savoir plus

Depuis l'Antiquité, on sait que le rire est bénéfique pour la santé, tant psychologiquement puisqu'il nous aide à surmonter nos états dépressifs que physiologiquement puisqu'il agit sur notre système cardio-vasculaire et permet de prévenir les infarctus, par exemple. Donc, rions!!

• LEÇON 14 - PAGE 102

Ouverture: C'est « le paysage » habituel de toutes les grandes villes. Des dizaines et des dizaines de voitures, les unes derrière les autres, pare-chocs contre pare-chocs, quasiment à l'arrêt, ne pouvant pas avancer, continuant à faire tourner le moteur et à polluer l'atmosphère.

PAGE 103

Document 1

France, Allemagne, Angleterre, Italie, Belgique – Non, seulement aux voitures polluantes.

Document 2

Les personnes très jeunes, très âgées, très handicapées, craintives ne peuvent pas circuler à bicyclette.

PAGE 105

Activités de compréhension écrite

A1 = Faux de nombreuses capitales, pas toutes – **A2** = Ce serait moins pollué, plus humain, plus calme, moins bruyant, moins encombré et sans doute plus rapide.
B1 = Marche à pied, vélo, rollers, transports en commun – **B2** = Les commerçants et beaucoup d'automobilistes.

Activités linguistiques

Vocabulaire

1. angoisse, anxiété – **2.** piétonne, piétonnière – **3.** adjectif + ment. Dans le premier cas, l'adjectif est masculin/féminin, dans le second cas, on part de l'adjectif féminin (comme dans heureusement, amicalement, affectueusement.

Grammaire

1. Tout d'abord, cela permettrait de supprimer la pollution. Ensuite, le centre-ville serait moins bruyant, plus calme. Et enfin, on perdrait moins de temps dans les embouteillages.
2. b) – e) – c) – a) – d)

• LEÇON 15 - PAGE 108

Ouverture : Il s'agit d'un champ d'éoliennes.

PAGE 109

Document 1

L'effet de serre, lui-même provoqué par les émissions de gaz carbonique.
En favorisant l'utilisation d'énergies renouvelables (soleil, vent...).

Document 2

Non, c'est une énergie assez mal connue.
Lutter contre le changement climatique, économiser les ressources, créer de l'emploi.

PAGE 111

Activités de compréhension écrite

A1 = **b)** – **A2** = Faux – **A3** = Pour : énergie propre, rentable, structures légères et élégantes – Contre : trop grandes, bruyantes, dangereuses pour les oiseaux, dommageables pour l'archéologie.
B1 = Il y a des déchets, c'est une énergie polluante. – **B2** = Les premiers, c'est-à-dire les partisans de l'énergie éolienne, pensent que c'est une énergie propre, rentable et génératrice d'emplois. Les seconds, c'est-à-dire les adversaires, reprochent aux éoliennes d'être trop grandes et trop bruyantes.

Activités linguistiques

Vocabulaire

1. dangereux, malfaisant, dommageable (≠ bénéfique).
2. On admire la légèreté et l'élégance de ces structures.

Grammaire

1. certes – par ailleurs – donc – en outre – et pourtant.

AUTOÉVALUATION 5 - PAGES 114-115-116

exercice 1 : c) ; **exercice 2 :** en effet, pourquoi/parce que, donc ; **exercice 3 :** on emploie l'impératif, on s'adresse directement au lecteur ; **exercice 4 :** c) – e) – f) – g) ; **exercice 5 :** tout d'abord, ensuite, enfin ; **exercice 6 :** Pour les uns, de plus, Pour les autres, En effet, donc ; **exercice 7 :** De nombreux écologistes alertent l'opinion sur les dangers liés aux énergies fossiles et se battent pour qu'on les remplace par des énergies renouvelables. ; **exercice 8 :** 1c – 2a – 3b ; **exercice 9 :** marcher ; **exercice 10 :** après ; **exercice 11 :** 1c – 2d – 3b – 4a.

N° d'édition : 10224815 – Dépôt légal : octobre 2014

Achevé d'imprimer en mars 2016
sur les presses numériques de l'Imprimerie Maury S.A.S.
Z.I. des Ondes – 12100 Millau
N° d'impression : C16/53994N

Imprimé en France